Keysers
Sammler-
bibliothek

1 Adolf Loos,
Die Kärtner Bar,
Wien, 1907

Klassiker des modernen Möbeldesign

Otto Wagner – Adolf Loos – Josef Hoffmann – Koloman Moser

Dorothee Müller

Keyser

CIP-Kurztitelaufnahme der Deutschen Bibliothek:

Müller, Dorothee: Klassiker des modernen Möbeldesign:
Otto Wagner, Adolf Loos, Josef Hoffmann, Koloman Moser
München: Keyser, 1980
(Keysers Sammlerbibliothek)
ISBN 3-87405-135-8

© Keysersche Verlagsbuchhandlung, München 1980
Umschlagentwurf: Mendell und Oberer Graphik Design, München
Druck und Bindung: Erhardi Druck GmbH, Regensburg
Printed in Germany

Inhalt

2 *Koloman Moser, Raumaustattung in der Wiener Sezession, 1902. Die Kunst 10, 1904, S. 356*

Einleitung

Das vorliegende Buch behandelt die Epoche von 1900–1910. In dieser Zeit haben sich die Stilkriterien des ›Konstruktiven Jugendstils‹, deren formstrenger, funktionaler Charakter sie zu Vorläufern und zugleich zu den Klassikern des Möbeldesign des 20. Jahrhunderts macht, am deutlichsten manifestiert. Vor der Jahrhundertwende gab es bereits erste Ansätze, das in vegetativen Formen schwelgende Ornament des Jugendstils in Richtung auf einen geometrisch-konstruktiven Stil zu modifizieren. Seine stärkste Ausprägung erfuhr die neue Richtung zwischen 1902 und 1906, um gegen 1910 einem neuen Monumentalismus zu weichen.

All die genannten Zahlen sind – wie alle zeitlichen Stileingrenzungen – nur ungefähre Angaben, da es auch hier, wie in allen Epochen, eine Avantgarde gibt und diejenigen, die ihr Formenrepertoire konservieren.

Eine wichtige Quelle für dieses Buch bildeten die zeitgenössischen Kunst- und Dekorationszeitschriften, die bewußt ausführlich zitiert wurden, da sie einerseits z. T. sehr schwer zugänglich sind, andererseits schien es so viel faszinierender zu beobachten, wie neue künstlerische Strömungen auf die Zeitgenossen wirkten, als auf uns, deren Optik durch das Wissen um die künstlerische Entwicklung dieses Jahrhunderts geläutert ist.

Diese Quellen bilden auch die wichtigste Hilfe für die Zuschreibung. Bei all denjenigen Möbelstücken, deren Zuschreibung sich nicht mit Hilfe der zeitgenössischen Literatur belegen ließ, wurde auf die entsprechende eindeutige Nennung verzichtet. Mit dieser für andere Epochen völlig normalen Anonymität sollen diese Stücke keineswegs abqualifiziert werden, sie lassen sich nur nicht – auf Grund der starken stilistischen Verwandtschaft einzelner Künstler untereinander – mit Sicherheit bestimmen. Die gebotene Sorgfaltspflicht hatte hier Priorität vor einer schillernden Palette berühmter Namen.

Voraussetzungen

Die Folgen der industriellen Revolution

›Es findet keine Renaissance der Renaissance statt, sondern eine Naissance. Nur das moderne Leben kann einzig und allein Ausgangspunkt unseres künstlerischen Schaffens sein – alles übrige ist Archäologie.‹ Dieser programmatische Satz Otto Wagners markiert eine Stilwende, die Abkehr von historisierenden Tendenzen – hier verächtlich als ›Archäologie‹ bezeichnet –, die doch die künstlerische Produktion fast eines halben Jahrhunderts beeinflußte. Diese Epoche war geprägt durch die tiefgreifenden Veränderungen, die die industrielle Revolution auch gerade auf dem künstlerischen Sektor ausgelöst hat. Kennzeichnend für diese Situation war weniger die Umwandlung der Werkstatt in die Fabrik als das Diktat der Maschine, das die künstlerische Form auf diejenigen Motive reduzierte, die maschinell herzustellen waren. Mit dem Verlust der individuellen Form büßten die Produkte auch ihre Exklusivität ein, sie wurden somit für breite Schichten erschwinglich, und voreilige Liberalisten bejubelten bereits eine ›demokratische Kunst‹. Die Kunst des beginnenden Industriezeitalters bediente sich als künstlerischer Aussage historischer Formenzitate, die der Gotik, Renaissance, dem Barock oder Rokoko entlehnt waren. Technischer Fortschritt führte so einen künstlerischen Rückschritt herbei.

In England, dem Mutterland der industriellen Revolution, fand dann auch die als gigantische Selbstdarstellung für die industriellen Errungenschaften konzipierte Weltausstellung statt, die am 1. Mai 1851 von Königin Victoria eröffnet wurde und an der 14 000 Aussteller aus aller Welt mehr als 100 000 Exponate präsentierten. Zur Komplettierung der Superlative sei noch genannt, daß in 141 Tagen mehr als 6 Millionen Besucher in den von Joseph Paxton errichteten Kristallpalast im Hyde Park strömten.

Trotz des überwältigenden Publikumserfolges dieser überdimensionalen Schau meldeten sich auch kritische Stimmen zu Wort. Zu ihnen zählte Gottfried Semper, der ehemalige Direktor der Bauschule zu Dresden, der 1849 wegen revolutionärer Umtriebe aus Deutschland nach England geflohen war. Hier fand er Zugang zu jenen Kreisen um Prinz Albert, die – alarmiert durch den Qualitätsverlust künstlerischer Erzeugnisse – auf Reformen sannen. Zugleich war ihnen bewußt, daß eine Vormachtstellung Englands im Kunstgewerbe nicht nur materiellen Gewinn, sondern auch Prestige einbrachte. In seiner Schrift ›Wissenschaft, Industrie und Kunst‹ analysiert Semper die durch die industrielle Entwicklung entstandene Situation des Überangebotes an kunstgewerblichen Waren, die ›die natürliche Ordnung der Dinge umgekehrt hat‹. An Stelle der Gebrauchsfähigkeit der Produkte sei ihre Marktgängigkeit getreten. Abschließend empfiehlt er einen ›allgemeinen Volksunterricht des guten Geschmacks‹. Diese in erster Linie durch Erziehung und Anschauung im Sinne von Vorbildersammlung zu erzielenden Verbesserungen führten schließlich 1852 zur Gründung des South-Kensington-Museums, des späteren Victoria and Albert Museum.

Eine solche nationale Erziehungs- und Pflegestätte für guten Geschmack wies in Verbindung mit zahlreichen Zeichenschulen in ihrer kunsterzieherischen Arbeit bereits auf der Pariser Weltausstellung 1855 solche Erfolge auf, daß die englischen Produkte plötzlich zu einer ernsthaften Konkurrenz für die traditionell die Vormachtstellung einnehmenden französischen Erzeugnisse wurden.

Situation in Österreich

Auf Grund ihres phänomenalen Erfolges fanden diese Reformbewegungen auch auf dem Kontinent eine breite Resonanz. Gerade für Österreich, dessen heimische Kunstindustrie auf einer multinationalen Schau wie der Londoner Weltausstellung einen eher provinziellen Eindruck hinterließ, war die Verbesserung der kunstgewerblichen Produkte eine Angelegenheit des nationalen Prestiges. Zwar hatten bereits 1855 Rudolf von Eitelberger, der an der Wiener Universität Kunstgeschichte lehrte, und 1860 Jacob von Falke, Kustos der Lichtensteinschen Bibliothek, es als ihre patriotische Pflicht angesehen, mit Hilfe einer Artikelserie der ›Wiener Zeitung‹ ein breites Publikum mit den fundamentalen Kenntnissen des guten Geschmacks vertraut zu machen. Neben diesen pädagogischen Bemühungen fehlten auch die Hinweise auf die Wechselwirkung zwischen einer auch im Ausland anerkannten Kunstindustrie und dem Nationalwohlstand nicht.

Konkrete Vorschläge machte Eitelberger in einer Denkschrift, die dem Kaiser vorgelegt wurde und in der er eine dem South-Kensington-Museum vergleichbare Institution für Österreich fordert, ›um so dem allgemeinen Interesse nach Kunstanschauung‹ zu entsprechen. Am 7. März 1863 gab der Kaiser schließlich folgende Anweisung: ›Da es für den Aufschwung der österreichischen Industrie ein dringendes Bedürfnis ist, den vaterländischen Industriellen die Benutzung der Hilfsmittel zu erleichtern, welche die Kunst und die Wissenschaft für die Förderung der gewerblichen Tätigkeit und insbesondere für die Hebung des Geschmackes in so reichem Maße bieten, so finde Ich anzuordnen, daß eine Anstalt unter der Benennung ›Österreichisches Museum für Kunst und Industrie‹ ehestens gegründet werde. In diesem Museum sind geeignete Gegenstände aus den Sammlungen Meines Hofes, des Arsenals vor der Belvederelinie, der Wiener Universität, des hiesigen polytechnischen Institutes und anderen öffentlichen Anstalten ... aufzunehmen.‹ Dieses auf dem Kontinent einmalige Museum für Kunst und Industrie, dessen Leitung Eitelberger übernahm, wurde am 12. Mai 1864 feierlich eröffnet.

Die sowohl publizistische Aktivität des neuen Hauses, die die ›Mitteilungen des K. K. Österreichischen Museum für Kunst und Industrie‹ herausgab, als auch die pädagogische – einmal wöchentlich hielten Mitarbeiter des Hauses Vorträge über Kunst und Kunstgewerbe – fanden in der Bevölkerung begeisterte Aufnahme. Nicht zuletzt durch diese Erfolge bestätigt, wurde ein Neubau beschlossen, dem nun auch eine Kunstgewerbeschule angegliedert war. Am 4. November 1871 erfolgte die feierliche Schlußsteinlegung des von Heinrich von Ferstel im Stil der italienischen Renaissance erbauten Museums. Auch für Eitelberger schien das der einzig adäquate Stil, ›weil die Renaissance unserm modernen Auge am nächsten liegt, weil sich innerhalb ihrer Formen Zweckmäßigkeit und Schönheit für unser Bedürfnis, für unser Gefühl am besten vereinigen lassen‹.

Berta Zuckerkandl, eine der engagiertesten Verfechterinnen der Wiener Moderne, schreibt rückblickend über die Ära Eitelberger und die Zusammenarbeit zwischen Museum und Kunstgewerbeschule in der Zeitschrift ›Dekorative Kunst‹ (VII, 1903): ›Zur Zeit Eitelberger's, dieses, wenn auch in den historischen Stilen befangenen, aber universell und groß angelegten Kunstgelehrten, arbeiteten beide Anstalten Hand in Hand. Was die Professoren der Schule an Mustern und Formen schufen, kam ins Museum, um von hier aus den Industriellen, dem Gewerbe zur Richtschnur zu dienen. Die ökonomische Verwertung der in der Kunstschule geschaffenen Werte vermittelte das Museum. Teils durch die alljährlich vor Weihnachten noch bis heute usuelle Winterausstellung, teils durch Herstellung von direkten Verbindungen zwischen dem Muster schaffenden Künstler und dem Muster kaufenden Industriellen. So war eine gewisse Festigkeit und Einheit vorhanden, welche auch dem Publikum zu Nutzen gereichte.‹

Für Eitelberger war mit dem Museum, der Kunstgewerbeschule und der allmählich aufblühenden heimischen Kunstindustrie die Basis für sein nächstes ehrgeiziges Projekt gelegt – die Weltausstellung 1873 in Wien. Auf dieser mit 39 500 Ausstellern bislang größten ›Schaustellung menschlicher Arbeit‹ demonstrierte die österreich-ungarische Monarchie ihre erstarkte Stellung auf dem kunstgewerblichen Sektor. Der endgültige Durchbruch und die weltweite Anerkennung erfolgten schließlich 1876 auf der Kunstgewerbeausstellung in München und 1878 auf der Weltausstellung in Paris, in deren Anschluß Julius Lessing, Direktor des Kunstgewerbemuseums, über die österreichischen Exponate schrieb: ›Im Jahre 1867 war von einer ernstlichen Mitbewerbung um eine Großmachtstellung im Kunsthandwerk, von einer gefahrdrohenden Konkurrenz für das herrschende Frankreich noch nicht die Rede. Das hat sich seit den verflossenen elf Jahren geändert. Das österreichische Kunstgewerbe hat sich auf vielen der wichtigsten Gebiete von dem französischen Einfluß so gut wie völlig frei gemacht, und es verdankt diesen Zustand nicht zufälligen Umständen, sondern einem bewußten und planmäßigen und allseitigen Vorgehen, dessen Früchte nicht mehr als fragliche Produkte einer künstlichen Züchtung anzusehen sind, sondern sich als bereits völlig verwachsen mit der gesamten Gewerbetätigkeit des Landes erweisen. Die Bewegung in Österreich ist einheitlich und systematisch von dem Österreichischen Museum geleitet, das sich das eigentliche und hauptsächliche Verdienst um die Herstellung des jetzigen Standes des österreichischen Kunstgewerbes erworben hat.‹

Doch trotz dieses nationalen Jubels gab es bereits Anzeichen künstlerischer Stagnation. Vorbildersammlung und Kopienzwang führten statt zu kreativer Anregung zu unkritischer Stilrezeption. Als Eitelberger 1885 starb, waren die von ihm so propagierten Renaissanceformen bereits zu reinen Schmuckelementen degradiert, die stets reichere und prunkvollere Ausmaße annahmen. Neben der Renaissance wurden nun auch in immer rascherer Folge weitere abendländische Stile, wie Gotik, Barock oder Rokoko, imitiert. Die Funktion eines Gegenstandes war längst hinter seiner dekorativen, reichgeschmückten Fassade zurückgetreten. Das von Semper vertretene Prinzip, Stil sei ›das Hervortreten einer Grundidee und aller inneren und äußeren Koeffizienten, die bei der Verkörperung dieser Grundidee in einem Kunstwerk modifizierend einwirken‹, war längst zur Bedeutungslosigkeit degradiert.

Besonders Kreise des aufstrebenden Bürgertums, wie Spekulanten, Börsianer, eben diese Parvenüs, protzten mit allem, was nur irgendwie museal und kostbar wirkte, um Besitz und Bildung zu demonstrieren. Der ›horror vacui‹ wurde zum prägenden Stilelement der Interieurs. Diese Wohnungen hatten den Charakter reiner Schauräume, die nicht zum Wohnen, sondern zum Repräsentieren bestimmt waren.

Nicht selten holten die Innenraumgestalter bürgerlicher Wohnkultur ihre Anregungen aus der zeitgenössischen Malerei, wobei sich die Historienmalerei besonderer Beliebtheit erfreute. Auch die Ateliers der Maler – hier ist der Wiener Hans Makart besonders hervorzuheben, dessen Atelier auf Staatskosten errichtet wurde – avancierten zum beliebten Pilgerziel der kunstbeflissenen Bourgeoisie. Diese Requisitenkammern der Kunst müssen auf Grund ihrer

Abb. 3

3   Hans Makart, Atelier um 1875, Wien

exotischen Fülle besonders anziehend auf Besucher gewirkt haben. Sie wurden
das ersehnte Vorbild der Neureichen wie der Kleinbürger, und eine findige
Kunstgewerbeindustrie bot sogleich in Anlehnung an den Meister das soge-
nannte ›Makartbouquet‹, aus dürren Rohrkolben, vertrockneten Rispen,
Palmwedeln und Pfauenfedern, an.
Für die zu reiner Fassade degenerierte Einrichtung scheuten ihre Gestalter
auch nicht davor zurück, imitierte Materialien zu verwenden: Messing statt
Gold, Pappe statt Leder, Papiermaché statt Holz. Geliefert wurde solcher
Talmi von einer rasch wachsenden Kunstindustrie, für die das Primat von
Zweckmäßigkeit und Formschönheit nicht zu existieren schien, sondern die
sich in permanenter Neuerungssucht zu übertreffen suchte. Den auf hand-
werkliche Produkte bezogenen Qualitätsmerkmalen – einer Synthese von Gebrauch und Schönheit – sprach die Masse dieser industriellen Erzeugnisse
Hohn.

Der positive Impuls, der von einer museal-wissenschaftlichen Bildungsanstalt wie dem Museum für Kunst und Industrie unter dem Einfluß von Eitelberger ausging, war längst, mangels nachfolgender Initiativen in Richtung auf Reformbewegungen, einem Zustand der Erstarrung und Antiquiertheit gewichen. Selbst das Prinzip Sempers von der ›Bekleidung‹ der Formen, von dem material- und zweckgerechten Kern und der ›schönen‹ Hülle, das also einen dekorativen Stil bereits implizierte, hatte inzwischen zu grotesken Auswüchsen geführt.

Um 1895 war die Situation so, daß alle progressiven Kräfte auf radikale Veränderung drängten. Besonders die jungen Künstler der Generation der zwischen 1860 und 1870 Geborenen wandten sich gegen das museale Stilkonglomerat und wünschten statt blinder Imitation neue, eigenständige Formen, die endgültig den Aufbruch in das 20. Jahrhundert dokumentieren sollten.

Stilwende

Sezession

Als gegen Ende des 19. Jahrhunderts die Jugend zum Kampf gegen die Tradition und für die Kunst ihrer Zeit aufrief, war dies eine Bewegung, die praktisch ganz Europa erfaßt hatte und deren Fanfarenklänge keineswegs von Wien ausgingen. Bereits 1892 hatte sich in München die Avantgarde der Künstler zur Sezession vereinigt. In Wien hatte im selben Jahr Josef Hoffmann mit gleichgesinnten Freunden den ›Siebener Club‹ gegründet, eine Stammtischrunde, zu deren Mitgliedern die Architekten Josef Maria Olbrich und Friedrich Pilz sowie die Maler Leo Kainradl, Adolf Karpellus, Max Kurzweil und Koloman Moser zählten. Der ›Siebener Club‹ tagte in den Räumen des ›Café Sperl‹ und im ›Blauen Freihaus‹, wo bereits seit 1881 ein weiterer Künstlerkreis existierte, der sich nach dem Besitzer des Lokals, der Haagen hieß, ›Haagengesellschaft‹ nannte und ungefähr 60 Mitglieder hatte.

Eine Ausstellung der Münchener Sezession im Wiener Künstlerhaus 1894 führte schließlich zur offenen Auseinandersetzung mit den Traditionalisten der seit 1869 bestehenden Künstlervereinigung. Diesen Querelen folgte der Eklat mit dem Austritt von 19 Künstlern, die sich am 3. April 1897 zur Wiener ›Sezession‹ vereinigten und sich aber zunächst nur als neue Gruppierung innerhalb der alten Genossenschaft verstanden. Die Idee muß nicht zuletzt durch das Münchener Vorbild schon lange in der Luft gelegen haben, denn im Dezember 1896 meinte bereits Hermann Bahr: ›Um der alten Kunst der Malerei zu dienen, wird man auf andere Mittel sinnen müssen. Es wird nicht anders gehen, als daß sich endlich einige Kunstfreunde vereinigen, irgendwo in der Stadt ein paar helle Säle mieten und dort in kleinen, intimen Ausstellungen die Wiener sehen lassen, was in Europa künstlerisch vorgeht.‹

Präsident der Sezession wurde der 30jährige Maler Gustav Klimt, ihr Ehrenpräsident der immerhin 80jährige Rudolf von Alt. Unter dem Motto ›Der Zeit ihre Kunst, der Kunst ihre Freiheit‹ fühlten sich ihre Mitglieder ›von dem Geist der Jugend, durch welchen die Gegenwart immer zur Moderne wird‹ durchdrungen. Zu ihrem von hohen Idealen inspirierten Programm zählte auch der

Kampf gegen die Kommerzialisierung der Kunst, wie man sie überall anzutreffen glaubte. 1898 erschien – nach dem Vorbild des Berliner ›Pan‹ – die erste Ausgabe ihrer Zeitschrift ›Ver Sacrum‹, sowohl Sprachrohr wie Symbol für den ›Heiligen Frühling‹ der Kunst. Ludwig Havesi, unermüdlicher Chronist dieser Aufbruchsstimmung, vermutete in einem Rückblick auf die Sezession, daß der Name der Zeitschrift auf ein Gedicht mit dem gleichen Titel von Ludwig Uhland zurückgeht: ›Ihr habt vernommen was dem Gott gefällt / Geht hin, bereitet euch, gehorcht still / Ihr seid das Saatkorn einer neuen Welt / Das ist der Weihefrühling, den er will!‹

Den programmatischen Aspekt von ›Ver Sacrum‹ verdeutlicht ein Manifest, das das von dem Belgier Henry van de Velde postulierte ›Gesamtkunstwerk‹ und die ›Integration der Künste‹ fordert. Kunst sollte das gesamte menschliche Leben prägen und zu einem neuen Lebensstil führen. Es gab keine hohe und niedrige Kunst, keine Kunst für Reiche und Arme, es gab nur noch die Kunst für alle. Die ›Kleinkunst‹, d. h. die Arbeiten des Kunsthandwerks, sollte eine gleichberechtigte Stellung neben den traditionellen ›freien‹ Künsten erhalten. Konsequenterweise hatte man somit bei der ersten Sezessionsausstellung den jungen Architekten Josef Hoffmann beauftragt, ein ›Ver Sacrum Zimmer‹, ein einheitliches Interieur zu gestalten.

Daß die Sezession als ›Aufbruch der Jugend‹ einen für Wien fundamentalen Neubeginn signalisierte, formulierte auch Hermann Bahr in der ersten Ausgabe von ›Ver Sacrum‹: ›Damals habe ich begreifen gelernt, was die Pflicht unserer jungen Maler in Wien ist, und daß ›ihre Sezession‹ eine ganz andere sein muß, als die Münchener und die Pariser. In München und Paris ist es der Sinn der Sezession gewesen, neben die ›alte‹ Kunst eine ›neue‹ Kunst zu stellen. Das ganze war also ein Streit in der Kunst um die bessere Form … Nein, bei uns ist es anders. Bei uns wird nicht nur für und gegen die Tradition gestritten, wir haben ja gar keine. Es wird nicht zwischen der alten Kunst, die es bei uns gar nicht gibt, und einer neuen gestritten. Es wird nicht um irgendeine Entwicklung oder Veränderung in der Kunst, sondern um die Kunst selber gestritten, um das Recht, künstlerisch zu schaffen.‹

Im selben Jahr wurde die erste Ausstellung der Sezession in dem Gebäude der Wiener Gartenbaugesellschaft veranstaltet, die in erster Linie Künstlern aus dem Ausland gewidmet war, um die Isolation österreichischer Künstler und das Informationsdefizit des Publikums zu überwinden. Die Ausstellung, in der die damalige Avantgarde wie Arnold Böcklin, Franz Stuck, Auguste Rodin, Henry van de Velde, Fernand Khnopf, Alphonse Mucha, Giovanni Segantini, Walter Crane, Peter Behrens und Max Liebermann vertreten waren, endete mit einem Rekord von 53 000 Besuchern, die für 85 000 Gulden Kunstwerke kauften. Mit diesem stattlichen Erlös konnte man nun ein eigenes Gebäude errichten, für das die Stadt ein Grundstück in der Nähe des Naschmarktes zur Verfügung stellte. Nach den Plänen eines jungen Mitgliedes der Sezession und Schülers von Otto Wagner, Joseph Maria Olbrich, entstand in nur sechsmonatiger Bauzeit 1898 das neue Gebäude.

Dieses Sezessionsgebäude mit einer Bronzekuppel in Form eines Lorbeerbaumes verhalf der neuen Bewegung zu einer Fanfarenwirkung, ähnlich der, die August Endells Elvira-Ornament in München hatte.

Reform der Kunstgewerbeschule

Diese Aufbruchsstimmung machte auch vor ehrwürdigen Institutionen wie dem Museum für Kunst und Industrie und der Kunstgewerbeschule nicht halt. Zwar hatte man auch hier bereits versucht, ansatzweise die tradierten Wertvorstellungen zu modifizieren, und Joseph Storck, der Direktor der Kunstgewerbeschule, bekannte 1896, im Anschluß an die Wiener Kongreßausstellung: ›In dem Zeitraum eines Jahrhunderts haben wir kopierend und nachempfindend die ganze Stilentwicklung von mehr als zwei Jahrtausenden durchlaufen. Welch neues Schlagwort wird ausgegeben werden, wenn das Neuempire seine Schuldigkeit getan hat? Etwa wiederum Neogotik, Neurenaissance u. s. w., denen naturgemäß im zwanzigsten Jahrhundert noch kürzere Lebensdauer gewährt sein würde als im neunzehnten – oder Amerikanismus. Neigung dazu ist unverkennbar vorhanden. Wir wollen keine Prophezeihungen versuchen. Wünschenswert und möglich wäre die Selbstbefreiung vom Kopierzwang, das Studium der frühen Stile, wie man alte und mittlere Sprachen studiert, ohne sie als tägliche Verkehrsmittel gebrauchen zu wollen, das Angehen von der Zweckmäßigkeit beim Komponieren und die Befruchtung der Phantasie durch die immer junge, immer neue, unerschöpfliche Natur.‹

Aber erst ein Jahr später, 1897, als der progressive Arthur von Scala neuer Direktor des Österreichischen Museums für Kunst und Industrie wurde, bemerkten die Chronisten, daß der ›Kampf schon in der Luft lag‹. Die neue Ära wurde sogleich entsprechend mit einer Ausstellung des modernen englischen Kunstgewerbes dokumentiert. Für die Reorganisation der Kunstgewerbeschule fand Scala in dem anerkannten Architekten Otto Wagner, der in seinem 1895 publizierten Buch ›Moderne Architektur‹ bereits in dem modernen Leben den einzigen Ausgangspunkt künstlerischen Schaffens sah, und in Adolf Loos, Architekt und scharfzüngiger Chronist der Wochenschrift ›Die Zeit‹, engagierte Mitstreiter. Als 1899 der Direktor der Schule, Joseph Storck, pensioniert wurde, berief man an seine Stelle den Sezessionisten Felician Freiherr von Myrbach. Der Sieg der Moderne schien unaufhaltsam, und Ludwig Havesi jubelte in der Zeitschrift ›Ver Sacrum‹: ›Die Kunstgewerbeschule, vor einigen Monaten noch Bastille Wiens, die für uneinnehmbar galt, ist über Nacht gestürmt; nein, sie hat sich ergeben und sucht sich einen neuen Kommandanten und eine neue Besatzung aus dem Lager der Sezessionisten.‹ Zu dieser Besatzung berief Myrbach den Architekten Josef Hoffmann, den Bildhauer Otto Strasser, den Maler Alfred Roller und Koloman Moser auf die freigewordenen Lehrstellen. Ein Jahr zuvor war bereits Otto Wagner, auf Anraten Scalas, zum Leiter der Spezialschule für Architektur an der Akademie der Bildenden Künste ernannt worden. Diese Künstler waren es in erster Linie, die nicht zuletzt durch ihre Lehrtätigkeit die Basis schufen für eine kunstgewerbliche Erneuerungsbewegung.

Neben der Sezession hatte sich inzwischen eine weitere Kunstvereinigung konstituiert, die Neugründung des alten Haagenbundes durch Heinrich Leffler und Joseph Urban im Jahre 1900. Der gerade in künstlerischen Fragen besonders konsequent und kompromißlos agierende Haagenbund stellte allein im ersten Jahrzehnt seiner Ausstellungstätigkeit dem Wiener Publikum Werke von Arnold Böcklin, Lovis Corinth, Max Liebermann und im Jahre 1911 und 1912 die von Oskar Kokoschka und Egon Schiele vor.

Die Zeitschrift ›Die Kunst‹ (VIII, 1903) bemerkt anläßlich der Beteiligung des Haagenbundes an der Düsseldorfer Kunstausstellung 1902: ›In dem Oktogon, das der Künstlerbund Hagen in dem äußersten nordöstlichen Winkel des Baues eingerichtet hat, sammelt sich zu allen Zeiten eine staunende Menge. Wirklich hat der Raum, mit dem runden Oberlicht, den glatten dünnen Ahornsäulen und schweren intarsierten Möbeln, eine Schöpfung Josef Urban's, schon als solcher einen spezifischen Reiz: die uns ungewohnte Raumidee, die Geschlossenheit der Komposition, die diskrete Färbung, eine Harmonie aus Grau, Silber, trübem Schwefelgelb und Mattblau, das alles vereinigt sich zu einem Gesamteffekt von unleugbarer Vornehmheit. Das Konstruktive spielt dabei in seltener Klarheit mit.‹

Die Pariser Weltausstellung 1900

Nichts konnte aber das wiedergewonnene Ansehen auf dem kunstgewerblichen Sektor deutlicher manifestieren als der große Erfolg auf der Pariser Weltausstellung im Jahre 1900, wo die Wiener Moderne – von Olbrich, Moser und Hoffmann vertreten – überschwenglich als ›esprit viennois, aimable, riant, épris d'élégance et des fêtes légères‹ gefeiert wurde.

Um dieses Niveau zu halten und um drohenden Tendenzen zur Kommerzialisierung und Qualitätsverlust zu entgehen, hatte sich inzwischen der ›Interieur Club‹ konstituiert. Von 1900 bis 1904 war er auch Herausgeber der Zeitschrift ›Das Interieur‹. Diese Zeitschrift zählt auch aus heutiger Sicht zu den ergiebig-

sten Quellen im Hinblick auf Präsentation und Kommentierung des damaligen
Kunstgewerbes. Sie betrachtete es als ihre Aufgabe, ›die besten ausgeführten
Räume, Möbel etc. in Reproduktionen vorzuführen, Entwürfe unserer ersten
Künstler zu veröffentlichen und – nach Möglichkeit junge Talente ans Licht zu
ziehen‹.

In der ersten Ausgabe rezensiert der Chefredakteur Dr. Ludwig Abels unter
dem Titel ›Wiener Tischlerarbeit auf der Pariser Weltausstellung‹ die österreichischen Beiträge und bemerkt, daß ›neben den auffallenden Expositionen anderer Staaten, besonders der Franzosen‹ gerade diese Wiener Interieurs ›recht
fein, chic, amusant‹ sind. ›Was haben wir denn bis vor zwei Jahren herzuzeigen
gehabt? Rococo- und Barockmöbel, die in Paris der kleinste Tischler besser
machen kann, als bei uns der grösste... Also mit diesen veralteten Stilexperi-
menten wären wir in Paris wol gänzlich durchgefallen, wenn nicht die Fort-
schritte der letzten Jahre in der Richtung des modernen Stiles uns zustatten gekommen wären. Ihnen ist es zu verdanken, dass die Wiener Interieurs wenigstens ihre specifische Note haben. Die ›Salle d'honneur‹ nach Entwurf von
Ludwig Baumann, von der Firma Portois & Fix ausgeführt, dann das ›Wiener
Interieur‹, zu dessen Ausführung nach Entwürfen von Josef M. Olbrich sich
mehrere Mitglieder des Wiener Kunstgewerbevereines (o quae mutatio rerum!)
zusammengethan haben, ferner die bereits aus der Ausstellung im österreichischen Museum bekannten Räume der Kunstgewerbeschule (nach Plänen von
Prof. Josef Hoffmann), von Ungethüm (nach Olbrich), von Pospischil (nach
Hoffmann), von Niedermoser ... Dazu kommt, dass eine Wiener Specialität,
die Herstellung von Möbeln aus gebogenem Holz, sich gleichfalls an die Formen des modernen Stils gefügt hat und sich so vorzüglich repräsentirt. Zwar
lassen die Gegenstände, welche die Firma Thonet vorführt, recht viel zu wünschen übrig; umso feiner und geschmackvoller ist das Speisezimmer und be-

Abb. 5   sonders der Schlafraum der Firma J. & J. Kohn; Tisch, Bett, Kasten und Chai-
selongue sind in Form und Farbe einfach, geschmackvoll und praktisch.‹ Ein
von Gustav Siegel entworfener Stuhl, den die Firma Kohn auf der Ausstellung
präsentierte, wurde mit dem Grand Prix ausgezeichnet.

Die in Darmstadt von Alexander Koch herausgegebene Zeitschrift ›Deutsche
Kunst und Dekoration‹ widmete in ihrer Ausgabe von 1899/1900 dem modernen Wiener Kunstgewerbe einen ausführlichen Bericht, der mit den anerken-
nenden Worten beginnt: ›Nirgends auf deutschem Boden ist der Frühling der
neuen Kunst so plötzlich und machtvoll hereingebrochen wie in Wien...‹
Während ›an anderen Orten die vorwärtsstürmenden Elemente von den Regie-
rungen nicht viel zu erwarten hätten, wurden sie in Wien gerade von dieser
Seite in vollstem Maasse unterstützt, gefördert und emporgehoben‹.
Bereits die Ausstellung im Österreichischen Museum im Winter 1897/98 sei ein
›Vorstoss in das Kunstgewerbe der Zukunft‹ gewesen. Die auf ›einen Stim-

DIE WIENER KUNSTGEWERBESCHULE AUF DER
PARISER WELTAUSSTELLUNG.
Frl. ELSE UNGER, *Secretär in blaugrau gebeiztem Linden-
holz, innen rot polirt, mit Schnitzereien von* EMILIO ZAGO.

*4   Das Interieur I,
1900. Abb. S. 122*

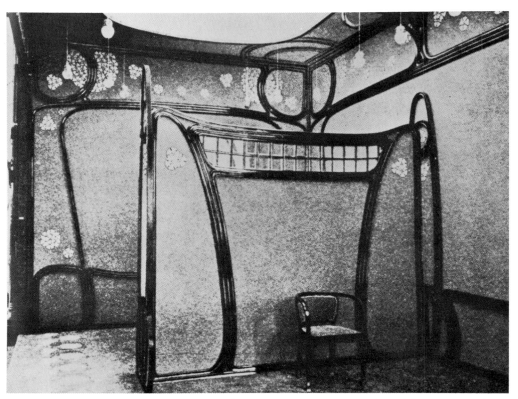

5   *Ausstellungsraum der Wiener Firma J. & J. Kohn auf der Pariser Weltausstellung 1900. Entwurf Gustav Siegel. Lit.: Das Interieur I, 1900, Abb. S. 156*

mungseffekt komponierten Gemächer‹ würden eine ›eigenartig lyrische, um
nicht zu sagen musikalische Wirkung‹ ausstrahlen. Ein besonderes Verdienst
um diese Entwicklung gebühre neben dem Museum und der Sezession auch
dem Architekten Otto Wagner und seiner Schule, ein ›Schauplatz, auf dem sich
alles moderne Streben im Bauwesen abspielt. Das Programm seiner Schule ist
absolute Modernität, d. h. Rücksicht auf Zweck und Bedürfnisse, Anwendung
aller neuen technischen Hilfsmittel, Ehrlichkeit und Aufrichtigkeit im Material‹.

Trotz aller Anerkennung, die dem Wiener Bemühen um eine Stilwende auch
gerade aus dem Ausland gezollt wurde, ist das Ringen um die endgültige Form,
um einen ausgeprägten Stil noch deutlich spürbar. Ansatzweise bilden sich bereits diejenigen Elemente heraus, die für den späteren Stil prägend sind. Zu seiner endgültigen Formulierung bedurfte es aber erst des entscheidenden Ein-
flusses des schottischen Architekten Charles Rennie Mackintosh.

Der Einfluß von Charles Rennie Mackintosh

Für den Spätherbst des Jahres 1900 war die 8. Ausstellung der Sezession geplant, in der Josef Hoffmann das moderne englische Kunstgewerbe präsentieren wollte. Das Engagement Scalas und des Museums schien ihm noch zu sehr von kommerziellen Interessen und zu wenig vom Kampf um die Moderne bestimmt, so daß Hoffmann mit dieser Ausstellung einen deutlichen Akzent setzen wollte. In dieser Angelegenheit wandte er sich in einem Brief an Felician von Myrbach, der eine Reise nach England plante, und bat ihn, sich über die von C. R. Ashbee ins Leben gerufene ›Guild of Handicraft‹ zu informieren. denn er gedenke eine ›Übersicht über das ganze moderne Kunstgewerbe, wo solches bereits zu Hause ist, zu geben. Es wäre der Mühe wert, in Wien einmal wirklich das echte englische Kunstgewerbe zu zeigen, es würde dem Museum

6   Charles R. Mackintosh, Lehnstuhl, 1897. Badisches Landesmuseum, Karlsruhe. Der Stuhl wurde 1897 für den Smoking Room des Argyle Street Tea Room in Glasgow entworfen.

einen harten Schlag versetzen. Hier hatte man doch nur entweder die altengli-
schen Sachen oder die englische Exportware gesehen.‹

Das englische Kunstgewerbe hatte durch die ›Arts and Crafts‹-Bewegung und
ihre Protagonisten William Morris, Walter Crane, Charles Robert Ashbee und
A. H. Mackmurdo bereits eine Tradition, die den Jugendstil nachhaltig beeinflußte. Sie lehnten strikt jede Kommerzialisierung des Kunstgewerbes und die
Verwendung von Maschinen ab; sie plädierten für die Rückkehr zum Werk-
stattbetrieb, betonten die natürliche Schönheit derjenigen Gegenstände, die
mit Handarbeit entstanden sind, und engagierten sich leidenschaftlich für das
Gesamtkunstwerk. Hierin standen sie in völliger Übereinstimmung mit den
Zielen der Sezession.

Inzwischen hatte sich aber ein weiteres Kunstzentrum in Glasgow gebildet, das
im wesentlichen aus vier Leuten bestand, die alle die ›Glasgow School of Art‹
besucht hatten: Charles Rennie Mackintosh, Herbert McNair und deren spätere Ehefrauen, die Schwestern Margaret und Frances MacDonald. Bereits der
Architekt Hermann Muthesius prophezeite der Gruppe in der Zeitschrift ›Dekorative Kunst‹ (IX, 1902) einen zukunftweisenden Einfluß auf das Kunstgewerbe: ›Die Geschichtsschreibung wird daher einst in der Entwicklung der
neuen Kunstbewegung vielleicht zwei Hauptabschnitte festzustellen haben:
die Zeit der Ausarbeitung der Grundlagen durch England bis zum Tode Morris' (1896) und die Zeit des Ausbaues derselben ausserhalb Englands von da an.
Es ist ganz merkwürdig, wie fast genau mit dem Todesjahre Morris' rund um
England herum die neue Bewegung einsetzte, in Belgien, Frankreich, Deutschland und Schottland. Und überall lag sofort das klare Ziel vor: das Zimmer als
ganzes zu betrachten, es als künstlerische Einheit auszubilden.‹

Allerdings hat sich inzwischen das Zentrum verschoben, denn ›wer heute neue
Kunst zu sehen wünscht, hat seine Schritte nicht nach London, sondern nach
Glasgow zu richten‹.

Abb. 6

Gerade auf die Zeitgenossen mußten, nach Jahrzehnten von Plüsch und Maskierung, die von den Schotten propagierte strenge Ökonomie der Formen und die
Betonung einer funktionalen Komponente, also Ansätze der erst im 20. Jahrhundert geprägten gestalterischen Ziele, verblüffend wirken. So sieht Hermann Muthesius in diesem so revolutionär-puritanischen Stil eine deutlich lo-
kale Komponente, eine Analogie zwischen der Kunst und dem Ortsgeiste
Schottlands: ›Dieses Land der eigenartigen Mischung von Puritanismus und
Romantik, von Abstinenz und Mysticismus musste, wenn Neuausgänge genommen wurden, die so sehr den persönlichen Stempel trugen, wie es hier der
Fall ist, auf etwas ähnliches wie die Mackintoshe Kunst kommen. Zweierlei
scheint sich hier zu vereinen: eine äusserste Straffheit und Enthaltsamkeit der
Linie mit einem Hang zu geheimnisvollen Effekten. Diese Effekte stehen im-
mer auf breiten ungeschmückten Flächen, erheben sich aber dann zu einer be-

sonderen, edelsteinartigen Wirkung und erteilen so dem Gegenstande ästhetisch einen Gesamtwert, den er kaum auf eine andere Weise erreichen könnte.‹
Eingesetzte farbige Gläser ›bilden das Lieblingsmotiv der Mackintosh'schen
Kunst … Im allgemeinen ist der Grundsatz festgehalten, die Form so streng
und groß wie möglich stehen zu lassen. Keine Teilung einer Fläche, wo sie
nicht durchaus nötig ist, keine Gliederung, die sie einschränkt. Die geschwun-
gene Linie ist aus dem Aufbaugerüst ganz und gar ferngehalten, eine straffe
Sehnigkeit versteift alle Körper fast zu Urformen, die uns mit geheimnisvollem
Blick anstarren. Hier ist nichts von dem phantastischen Linienschwung, den
Belgien in unsere Kunst getragen hat, zu sehen, nichts von der müden Linie der
Dekadence. Die Formen strotzen förmlich von der Urwüchsigkeit und Pri-
mitivität. Und doch atmen die Mackintosh'schen Schöpfungen, wenn man ihnen in Wirklichkeit gegenübertritt, eine seelische Vertiefung und eine nervöse
Stimmungsfeinheit, die sie in die Reihe der vergeistigten Kunstschöpfungen
unserer Zeit stellt … Aber auch in der Farbengebung waltet wieder wie in der
Form die äußerste Oekonomie vor. Weiss ist die Lieblingsfarbe, der grosse alles beherrschende Orginalton, auf dem sich kleine Farbaccorde, wie die Töne
einer Aeolsharfe, leise aufbauen. Wo weiss nicht erwünscht ist, wird ein dunk-
ler, grauer oder kaltbrauner, oft fast schwarzer Ton als Grundton gewählt, in
welchen dann Wände und alles Holzwerk einstimmen … Die Behandlung von
Wand, Decke und Fussboden ist die einfachste; in puritanischer Strenge zeigen
sich die weiten Flächen, als Wandflächen nur hier und da durch spärliches
Rahmenwerk in große Felder eingeteilt … Tapete ist verpönt.‹ Schließlich bekennt Muthesius selbst, daß die ›Zimmer für unser Alltagsempfinden einen fast
leeren Eindruck‹ machen, gibt dann aber zu bedenken, daß ›unsere gewohnte
Vollpfropfung der Zimmer mit allerlei unnützem Hausrat sicher ein wunder
Punkt in unserem heutigen Wohnempfinden ist, und dass wir uns hier sicher in
einem entarteten Geschmacksstadium bewegen … Das Barbarische dieser Ge-
wohnheit tritt am deutlichsten hervor, wenn man das Zimmer eines Kulturvol-
kes kennt, mit dessen Feinempfinden in Geschmackssachen sich kein anderes
Volk der Erde messen kann: das Zimmer des Japaners. Es ist absolut leer.‹ Muthesius räumt ein, daß ›ein spärlich mit Gerät besetzter Raum künstlerisch höher steht als ein vollbesetzter der heutigen Art. Die Möbel treten bei den
Mackintosh's als organische Teile des Zimmers auf, Schränke und Bänke als
Teile der Wand, gegen die sie gestellt sind. Die Grundgestalt ist in allen Fällen
einfach, fast primitiv; aber sie sind dennoch weit entfernt, bäuerisch zu wirken,
das verhindert ihre durchgeistigte Form, die feine Fügung, die sorgfältige
Oberflächenbehandlung. In Wandschränke werden gern Türen mit farbiger
Glasfüllung gesetzt, deren Glas jedoch opak in Wirkung tritt. Bei Stühlen ist
die ungemein hohe Rückenlehne beliebt.‹ Diese Interieurs, in ihrer Mischung
aus puritanischer Strenge, die dem Manierismus verwandte unaufgelöste Span-

nung der Proportionen und das Raffinement der Farbe, wurden auf der Sezessionsausstellung des Jahres 1900 zum erstenmal auf dem Kontinent vorgestellt.

8. Sezessionsausstellung (1900)

Neben Charles R. Mackintosh, seiner Frau Margaret MacDonald-Mackintosh und Charles Robert Ashbee waren auch der Belgier Henry van de Velde und das Pariser ›Maison Moderne‹ gebeten worden, sich an der Ausstellung zu beteiligen. An einheimischen Künstlern waren Otto Wagner, Josef Hoffmann und Koloman Moser mit Möbelentwürfen vertreten. Mackintosh, der abgesehen von einigen Berichten in der englischen Zeitschrift ›The Studio‹ – die auch in Wien große Beachtung fanden – in seiner Heimat bislang keineswegs den künstlerischen Durchbruch erzielt hatte und bei einer Ausstellung der konservativen ›Arts and Crafts Society‹ 1896 starken Anfeindungen ausgesetzt war,

◄

7 Charles R. Mackintosh, Zimmer aus dem Tee-Restaurant
von Miss Cransen, Glasgow.
Das Zimmer wurde auf der 8.
Sezessions-Ausstellung, 1900,
gezeigt. Die Kunst 4, 1901, S. 175

8 Charles R. Mackintosh, Rauch-
schrank und Stuhl in Eichenholz.
Ausgestellt auf der 8. Sezessions-
Ausstellung, 1900. Die Kunst 4,
1901, S. 172

wurde in Wien ein begeisterter Empfang bereitet. Es wird berichtet, daß Studenten ihn vom Bahnhof abholten und ihn in einer blumengeschmückten Kut-
sche durch die Stadt fuhren.

Von den auf der Ausstellung gezeigten Möbeln wurden die von Ashbee als
vierschrötig, bäuerlich, sogar archaisierend empfunden. Das größte Aufsehen
erregten die Schotten, deren Interieur durch seine Eleganz, den harmonischen
Schwarz-Weiß-Kontrast und seine dennoch streng strukturierte Gestaltung
beeindruckte: ›Der Raum ist ganz weiß, man könnte sagen mit Brettern tape-
ziert. Die Friese sind gebildet aus gespensterhaft schlank stilisierten Formen,
deren Heimath ausser dem Schattenbereich der Gespenster auch Japan ist‹ (Innendekoration 12, 1901). Auch die Wiener Presse sieht in Mackintosh den
konsequenten Verfechter der Moderne: ›Zu dem eigenartigsten, das die moderne Kunst geschaffen hat, muss das Theezimmer von Doctor (sic) Mackintosh und dessen Gattin gerechnet werden‹ (Neues Wiener Tagblatt,
3. Nov. 1900); die Neue Freie Presse (11. Nov. 1900) entdeckt gar Mystisches:

Abb. 7
Abb. 8

›Die fremden Modernen debauchieren bereits. Sie schwelgen opulent im angeblich Einfachen ... prähistorische Zaubergestalten, Versteckkästen des Zauberers, Möbel für Fetische.‹

Allgemein wurde bemerkt, daß die Möbel nun nicht mehr ›ungezügelte Kinder künstlerischer Phantasie‹ seien, sondern daß sie konstruktiv geworden sind. Besonders bei Josef Hoffmann meinte man, die Wandlung vom ›spielerisch erfundenen Möbel (der Jahre 1897–1899) zum konstruktiven, in der Werkstatt aus Materialkenntnis und architektonischen Sinne‹ bestimmten zu erkennen. Auch die Möbel von Koloman Moser erregten Aufsehen, und die Zeitschrift ›Innendekoration‹ hielt ihn sogar für den Talentiertesten: ›Seine Fähigkeiten sind ein enorm entwickelter Farbensinn und ein gutes Auge für die Möglichkeiten linearer Wirkungen ... Zu alle dem aber bemerkt man gleich beim ersten

Abb. 9   Rundgang, dass auch die besten Möbelstücke von Moser stammen, so eine

▶

10   Charles R. Mak-kintosh, Musiksalon im Haus von Fritz Wärndorfer, 1902

9   Koloman Moser, Buffet ›Der reiche Fischzug‹, 1900. Mahagoni, Einlagen Zeder und Kirschbaum; Messingbeschläge. Ausführung: Portois & Fix, Wien. Gezeigt auf der 8. Sezessions-Ausstellung, 1900. Die Kunst 4, 1901, S. 184

Kredenz etwas preziös ›der reiche Fischzug‹ benannt, weil die Einlegearbeit aus Cedernholz – der einzige Schmuck des Mahagoni-Kastens – das Moser'sche Forellen Ornament aufweist.‹

Die Ausstellung, die zu einem großen Publikumserfolg wurde, bedeutete auch eine Stärkung der Wiener Avantgarde und der von ihr verfochtenen konstruktiv-funktionalen Richtung, die von den Wienern bereits spöttisch als ›Brettl-Stil‹ bezeichnet wurde. Zwar ist immer wieder behauptet worden, daß die Ausstellung auch ein großer finanzieller Erfolg gewesen war und die meisten Exponate verkauft worden seien, was sich allerdings nur von Mosers Buffet ›Der reiche Fischzug‹ nachweisen läßt, das von dem damaligen Unterrichtsminister Dr. Ritter von Hartel erworben wurde. Die meisten Ausstellungsstücke von Mackintosh gingen zurück nach Glasgow, einige nach Dresden zur Internationalen Kunstausstellung, die dort im Jahre 1901 stattfand. Dennoch können zwei Erfolge registriert werden: der endgültige künstlerische Durchbruch von Mackintosh auf dem Kontinent und eine für die Wiener Designer ungemein anregende und stilprägende Begegnung mit den Gästen aus Glasgow.

Dieser Begegnung folgte auch ein Gegenbesuch von Hoffmann und Moser in England und Schottland. Ashbee betrieb in Essex House, im Osten von Lon-

11   *Charles R. Mackintosh, Speisezimmer im Wohnhaus eines Kunstfreundes.*
Wettbewerbsentwurf für die Zeitschrift ›Innendekoration‹, 1901

don, eine dem Werkstättenbetrieb von Morris ähnliche Einrichtung, die auf
demokratischer Basis, mit Gewinnbeteiligung aller Mitarbeiter und unter Aus-
schaltung des Zwischenhandels arbeitete. Offensichtlich hat diese Einrichtung
Hoffmann und Moser zu dem Plan einer entsprechenden Institution in Wien –
der späteren Wiener Werkstätte – animiert.

Die Möglichkeit der Realisierung eines gemeinsamen Projektes ergab sich in
der Ausstattung der Währinger Wohnung des Wiener Bankiers und späteren
Mitbegründers der Wiener Werkstätte, Fritz Wärndorfer, der Mackintosh den
Auftrag zur Einrichtung seines Musikzimmers gab und Hoffmann mit der
Ausgestaltung des Speisezimmers betraute. Diese Räume wurden zu einer
Abb. 10   Wiener Sehenswürdigkeit. Der Musiksalon von Mackintosh war wieder ganz
in Weiß gehalten mit einigen pastellfarbenen Akzenten. Neben den für ihn typischen extrem hochlehnigen Stühlen schuf er einen rechteckigen Flügel von
riesigem Format, der mit dem stilisierten Motiv eines fliegenden Vogels reich
dekoriert war. Dieser Musiksalon war die erste Gesamtausstattung eines Raumes, die Mackintosh auf dem Kontinent schuf. Er wurde von den Zeitgenossen
als Sensation empfunden, was die Ausstattung aber dennoch nicht davor be-
wahrte, nach dem Verkauf des Hauses inzwischen verschollen zu sein.

Ein weiteres Projekt, das Mackintosh einige Publizität verschaffte, war die
Teilnahme an dem von dem Herausgeber der Zeitschrift ›Innendekoration‹,   *Abb. 11*
Alexander Koch, 1901 veranstalteten Wettbewerb für das ›Haus eines Kunst-
freundes‹. Obwohl die Entscheidung zugunsten des noch stark mittelalter-
lich-historisierende Tendenzen aufweisenden Interieurs des englischen Architekten Baillie Scott ausfiel, war es der Entwurf des Schotten, der das meiste
Aufsehen erregte. Die drei besten Entwürfe, die von Scott, Mackintosh und
dem Otto-Wagner-Schüler Leopold Bauer, wurden in einem Portfolio mit dem
Titel ›Meister der Innenkunst‹ 1902 veröffentlicht. In der Einleitung schrieb
Hermann Muthesius: ›Geht man aber heute die wirklich originalen Künstler,
die schöpferischen Geister der neuen Bewegung der Reihe nach durch, so gehört Charles R. Mackintosh selbst dann noch zu ihnen, wenn man zu dem Ergebnis kommt, daß sie sich insgesamt an den Fingern einer einzigen Hand auf-
zählen lassen.‹

Gründung der Wiener Werkstätte

Ein entscheidender Schritt zum Durchbruch der Wiener Moderne war die
Schaffung einer adäquaten Produktionsstätte. Bereits anläßlich des Besuches
von Ashbees Werkstätte in Essex House war den Wiener Gästen die Idee gekommen, ein ähnliches Projekt in Wien zu realisieren. Als Hoffmann im Jahre
1902 nach London und anschließend zu Mackintosh nach Glasgow reiste,
wurde dieser Plan ausgiebig diskutiert. Wärndorfer, der das Unternehmen finanzieren sollte, war ebenfalls von der Idee begeistert und bat Mackintosh in
einem Brief um seinen Rat, worauf dieser mit Datum vom 17. März 1903 ant-
wortete: ›Wenn man mit ihrem Programm (sic) einen künstlerischen Erfolg erringen will … so muss jeder Gegenstand, den sie aus der Hand geben, eine aus-
gesprochene Marke von Individualität, Schönheit und exactester Ausführung
tragen. Ihr Ziel muss von allem Anfang an das sein, dass jeder Gegenstand, den
sie erzeugen für einen bestimmten Zweck und Platz gemacht wird. Spaeter …
können Sie kühn in das volle Licht der Welt hinaustreten, den Fabrikshandel
auf seinem eigenen Grund und Boden angreifen, und das grösste Werk, das in
diesem Jahrhundert vollbracht werden kann, können Sie vollbringen: nämlich
die Erzeugung aller Gebrauchsgegenstände in herrlicher Form und zu einem
solchen Preis, dass sie in dem Kaufbereich der Aermsten liegen … Aber bis
dahin bedarf es noch mancher Jahre harter, ernster ehrlicher Arbeit … Zuerst
müssen die ›künstlerischen‹ (Verzeihung für das Wort) Spötter untergekriegt
werden und denjenigen, die durch diese Spötter beeinflußt sind, muss … bei-
gebracht werden, dass die Moderne kein dummes Steckenpferd einiger Weniger sei, die durch Excentricität bequem zu Berühmtheit gelangen wollen, son-

12 Mono-
gramme der
Wiener
Werkstätte

dern dass die Moderne etwas Lebendiges und Gutes sei, die einzig mögliche Kunst für alle und die höchsten Phasen unserer Zeit. Ja – der Plan, den Hoffmann und Moser entworfen haben, ist gross und glänzend durchdacht, und wenn Sie die Mittel dazu haben, riskieren Sie gar nichts und ich kann nur sagen: Fangen Sie heute an! – Wenn ich in Wien wäre, ich möchte mit einer grossen, starken Schaufel mithelfen!‹ Mackintosh fügte dem Brief auch den Entwurf für ein Monogramm der Wiener Werkstätte bei, der allerdings nicht realisiert wurde.

Im Juni 1903 erfolgte schließlich die Gründung der ›Wiener Werkstätte – Produktiv Gemeinschaft von Kunsthandwerkern in Wien‹, wie der offizielle Name lautete. Josef Hoffmann und Koloman Moser übernahmen die künstlerische Leitung, der Sezessionssekretär Fritz Wärndorfer die finanzielle. Zunächst begann man in bescheidenen Räumlichkeiten in der Heumühlgasse mit drei Handwerkern; innerhalb kürzester Zeit waren diese Verhältnisse jedoch zu beengt geworden, und bereits im Herbst 1903 bezog man drei Stockwerke in der Neustiftgasse 32 im 7. Wiener Gemeindebezirk. Hier verfügte man über mehrere Ateliers, ein ›Bau-Bureaux‹, Zeichensäle und mehrere Ausstellungsräume. Zwar hatte dank ihrer Qualität die Handarbeit Priorität, dennoch machte man daraus kein Dogma und stattete die Werkstätten mit allen technischen Neuheiten aus, denn ›die Maschine ist hier nicht die Herrscherin und Tyrannin, sondern die willige Dienerin und Helferin, und die Erzeugnisse tragen die Physiognomie nicht von ihr, sondern von dem Geiste ihrer künstlerischen Urheber‹.

Im Jahre 1905 erschien eine Broschüre der Wiener Werkstätte, die das Arbeitsprogramm und Informationen über die betriebliche Organisation enthält. Hieraus geht hervor, daß ausschließlich Entwürfe von Hoffmann und Moser zur Ausführung gelangten. Die Werkstätte verfügte über Produktionsbereiche für Gold- und Silberarbeiten, Metallgegenstände, Bucheinbände, Spielzeug und Lederarbeiten, ferner waren eine Tischlerei und eine Lackiererei vorhanden. Gegenüber kunsthandwerklichen Einzelobjekten setzte man aber Prioritäten im Bereich der Einrichtung und Errichtung von Häusern, also dem von der Sezession bereits geforderten Gesamtkunstwerk. Alle Erzeugnisse der Wiener Werkstätte trugen das doppelte W als Schutzmarke sowie das Monogramm des Entwerfers und das der ausführenden Meister und Handwerker. Auf diese Weise sollten auch die mit der Ausführung betrauten Mitarbeiter in die qualitative Verantwortung genommen werden. Allerdings – und hier liegen die Probleme vieler Zuschreibungen – gab es auch viele gemeinsame Arbeiten, die nicht signiert waren oder, wie bei den Möbeln, die nicht vom Entwerfer signiert wurden.

Aus der ehemaligen bescheidenen Produktionsgemeinschaft mit drei Handwerkern war innerhalb von zwei Jahren ein Betrieb mit immerhin mehr als 100

13/13a Josef Hoffmann, Sitzgarnitur, entworfen für die Wohnung Dr. H. Wittgenstein, vor 1905. Ausführung: Wiener Werkstätte, Massivholz, Eichenfurniere. Galerie Metropol, Wien. Lit.: Deutsche Kunst und Dekoration, 1905, S. 459f.

*14   Koloman Moser, Glasvitrine, 1904,
Eiche schwarz poliert, Glas, Beschläge
vernickelt, Schloß mit der Schutzmarke
der Wiener Werkstätte punziert, frühe
(KM) WW-Schlüssel. Ausführung: Wiener
Werkstätte
Der Gegenstand stammt aus einem Salon-
entwurf von Koloman Moser, der von
der Wiener Werkstätte (Band 2, S. 530 ff.)
1905 publiziert wurde. Stefan Asenbaum,
Wien*

Arbeitern, darunter 37 Meistern und Handwerkern, geworden. Koloman Moser berichtet in seiner Autobiographie, daß die Räume der einzelnen Abteilun-
gen in verschiedenen Farben gehalten waren: ›In der Metallwerkstätte war alles
rot, in der Buchbinderei alles grau, in der Tischlerei alles blau und so weiter.
Und da auch alle Drucksorten der betreffenden Abteilung in dieser Farbe gehalten waren, wurde die Tätigkeit sehr vereinfacht.‹

Die bereits erwähnte Broschüre des Jahres 1905 erhielt auch das Arbeitsprogramm der Wiener Werkstätte. Dieses Programm, deren Verfasser mit größter
Wahrscheinlichkeit Josef Hoffmann und Koloman Moser sind, ist noch deutlich vom Idealismus und der Euphorie geprägt, nicht nur eine für das Kunsthandwerk exemplarische Institution, sondern gleichzeitig einen für das gesamte menschliche Dasein gültigen neuen Lebensstil geschaffen zu haben. Dieses Arbeitsprogramm, das bereits den Charakter eines Manifestes hat, soll hier

15 Koloman Moser,
Flur im eigenen Haus.
Deutsche Kunst und
Dekoration 17, 1905/06,
S. 55

im vollen Wortlaut wiedergegeben werden, da es sowohl den Zeitgeist einer Aufbruchsstimmung kurz nach 1900 widerspiegelt als auch für spätere entsprechende Einrichtungen vorbildlich ist:

›Das grenzenlose Unheil, welches die schlechte Massenproduktion einerseits, die gedankenlose Nachahmung alter Stile anderseits auf kunstgewerblichem Gebiete verursacht hat, durchdringt als Riesenstrom die ganze Welt. Wir haben den Anschluß an die Kultur unserer Vorfahren verloren und werden von tausend Wünschen und Erwägungen hin und her geworfen. An Stelle der Hand ist meist die Maschine, an Stelle des Handwerkers der Geschäftsmann getreten. Diesem Strome entgegen zu schwimmen wäre Wahnsinn.

Dennoch haben wir unsere Werkstätte gegründet. Sie soll uns auf heimischen Boden, mitten im frohen Lärm des Handwerks einen Ruhepunkt schaffen und dem willkommen sein, der sich zu Ruskin und Morris bekennt. Wir appellie-

16   *Josef Hoffmann, Kleiner Schreibtisch mit Aufsatz, 1905, Eichenholz furniert und massiv, schwarz gebeizt und gewachst, in die Poren weiße Farbe eingerieben. Auf den Schlössern eingestanzte Schutzmarke WW. Ausführung: Wiener Werkstätte. Österreichisches Museum für angewandte Kunst. Lit.: AWW (Archiv der Wiener Werkstätte) Möbel 1, S. 44, 46; Deutsche Kunst und Dekoration 18, 1906, S. 457 f.*

▶

17   *Josef Hoffmann, Salon in der Wohnung Dr. H. W., Wien, schwarze Eiche und weißes Email. Ausführung: Wiener Werkstätte. Studio Special 1906, Abb. C 15*

ren an alle, denen eine Kultur in diesem Sinne wertvoll erscheint, und hoffen, daß auch unvermeidliche Fehler unsere Freunde nicht beirren werden, unsere Absichten zu fördern. Wir wollen einen innigen Kontakt zwischen Publikum, Entwerfer und Handwerker herstellen und gutes, einfaches Hausgerät schaffen. Wir gehen vom Zweck aus, die Gebrauchsfähigkeit ist unsere erste Bedingung, unsere Stärke soll in guten Verhältnissen und in guter Materialbehandlung bestehen. Wo es angeht, werden wir zu schmücken suchen, doch ohne Zwang und nicht um jeden Preis. Wir benützen viele Halbedelsteine, besonders bei unserem Geschmeide; sie ersetzen uns durch ihre Farbschönheit und unendliche, fast nie wiederkehrende Mannigfaltigkeit den Wert der Brillanten. Wir lieben das Silber des Silber-, das Gold des Goldglanzes wegen; uns ist das Kupfer in künstlerischer Beziehung ebenso wertvoll wie die edlen Metalle. Wir müssen gestehen, daß ein Schmuck aus Silber an sich ebenso wertvoll sein kann wie ein solcher aus Gold und Edelsteinen. Der Wert der künstlerischen Arbeit und die Idee sollen wieder erkannt und geschätzt werden. Es soll die Arbeit des Kunsthandwerkers mit demselben Maß gemessen werden, wie des Malers und Bildhauers.

Wohnung
Dr. H. W.
Wien.
Salon.

18 *Josef Hoff-*
mann, Stuhl,
1905. Eichenholz,
schwarz gebeizt
und gewachst,
in die Poren
weiße Farbe
eingerieben.
Ausführung:
Wiener Werkstät-
te, Privatbesitz
Bremen.
Deutsche Kunst
und Dekoration
17, 1905/06,
S. 149. Bei dem
Stuhl (wie auch
bei den Schrän-
ken Abb. 19
bis 21) handelt
es sich um den
Teil einer Ein-
richtung, die
vermutlich für
Wittgenstein
(Palais Kund-
mann) um 1905
entworfen wurde.

19–21 Josef Hoffmann, variable Schränke, um 1905. Ausführung: Wiener Werkstätte, Höhe je 100 cm, Breite 50 cm, Tiefe 50 cm, Privatbesitz Bremen. Die Möbel sind beliebig variierbar, da sie gleich hoch und ohne Verzapfungen sind. Es handelt sich um ein variables Kastensystem: zwei Glasschränke können übereinander oder auf den schmalen Unterschrank gestellt werden, ebenso passen sie nebeneinander auf den schmalen Unterschrank.

22   *Josef Hoffmann, Großer Schreibtisch mit Stuhl, 1905, Eiche furniert und massiv, schwarz gebeizt und gewachst, in die Poren schwarze Farbe eingerieben. Stuhl: Sitz aus schwarzem Rindsleder. Ausführung: Wiener Werkstätte. Auf den Schlössern des Schreibtisches eingestanzte Schutzmarke WW. Lit.: AWW, Möbel 2, S. 69, 71; Deutsche Kunst und Dekoration 17, 1905/06, S. 152; Kat. Die Wiener Werkstätte, 1967, Nr. 4 und 5; Kreisel/Himmelheber, Abb. 1160*

▶

23   *Deutsche Kunst und Dekoration 16, 1905, S. 523*

Damen-
Kleider-Salon.
Probier-
Räume.

24   *Josef Hoffmann, Nähtischchen, 1905, Eichenholz, furniert und massiv, schwarz gebeizt und gewachst, in die Poren weiße Farbe eingerieben. Die Tischplatte ist in der Mitte geteilt; die beiden Flügel lassen sich umklappen. Innerhalb dieses Kastenraums ein Sack für Nähzeug. Ausführung: WW Österreichisches Museum für angewandte Kunst, Wien. Lit.: AWW, Möbel 1, S. 45 f.; Deutsche Kunst und Dekoration 18, 1906, S. 456; Kat. Die Wiener Werkstätte 1972, Nr. 3*

▶
25   *Deutsche Kunst und Dekoration 16, 1905, S. 563*
Die nahezu identische Gestaltung beider Tischchen bezeugt die enge stilistische Verwandtschaft zwischen Hoffmann und Moser.

26 *Josef Hoffmann, Sessel, 1902. Ausführung: Wiener Werkstätte. Der Sessel war Teil der Einrichtung des Hauses Dr. Spitzer, das Josef Hoffmann 1902/03 ausstattete. Lit.: Dekorative Kunst 7, 1903, S. 8; Das Interieur IV, 1903*

Wir können und wollen nicht mit der Billigkeit wetteifern; dieselbe geht vor allem auf Kosten des Arbeiters, und diesem wieder eine Freude am Schaffen und eine menschenwürdige Existenz zu erringen, halten wir für unsere vornehmste Pflicht. Alles dieses ist nur schrittweise zu erreichen.

Bei unseren Lederarbeiten und Bucheinbänden wird, ebenso wie bei allen anderen, auf ein gutes Material und technisch vollkommene Durchführung gesehen. Es ist natürlich, daß unser Dekor nur dort auftritt, wo die Struktur des Materials nicht dagegen spricht. Alle Arten der Ledereinlegekunst, des Blinddruckes und der Handvergoldung, des Lederflechtens und des Tunkverfahrens werden abwechselnd ausgeübt.

Der gute Einband ist vollkommen ausgestorben. Der hohle Rücken, das Heften mit Draht, der unschöne Schnitt, die schlecht gehefteten Blätter und das schlechte Leder sind unausrottbar. Der sogenannte Originalband, d. h. der fa-

27   *Josef Hoffmann, Landhaus Ing. Brauner, die Halle, vor 1906. Ausfüh-rung: Wiener Werkstätte. Deutsche Kunst und Dekoration 19, 1906/07, S. 47*

brikmäßig hergestellte, mit Klischees reich bedruckte Umschlag ist alles, was wir besitzen. Die Maschine arbeitet emsig und füllt unsere Bücherkästen mit mangelhaft gedruckten Werken; ihr Rekord ist Billigkeit. Doch sollte jeder Kulturmensch sich dieser Materialfülle schämen, denn einesteils bringt die leichte Herstellbarkeit eine geringere Verantwortung mit sich, während an-dernteils die Fülle zur Oberflächigkeit führt. Wie viele Bücher sind wirklich die unseren? Und sollte man diese nicht in den besten Hüllen, auf bestem Pa-pier, in herrlichem Leder gebunden besitzen? Sollten wir vergessen haben, daß die Liebe, mit der ein Buch gedruckt, ausgestattet und gebunden wurde, uns ein ganz anderes Verhältnis zu demselben bringt, daß der Umgang mit schönen Dingen uns selbst verschönt? Ein Buch soll als Ganzes ein Kunstwerk sein und muß dessen Wert als solches bemessen werden.

In unseren Tischlerwerkstätten ist stets die exakteste und solideste Ausführung

28   Josef Hoffmann, Schrank aus dem Schlafzimmer der Wohnung Fritz Wärndorfer, 1904. Außen: mattgrauer Schleiflack, innen: Ahorn furniert. Ausführung: Wiener Werkstätte, Schlösser signiert WW, Rosenmarke. Galerie Metropol, Wien. Lit.: vgl. Schminktisch in: Katalog ›Wiener Möbel des Jugendstils‹, Wien 1971, Abb. 6

bedingt. Leider hat die heutige Zeit sich an solche Schleuderwaren gewöhnt, daß uns ein halbwegs sorgfältig gearbeitetes Möbel unerschwinglich erscheint. Es muß einmal daran erinnert werden, daß wir leider gezwungen sind, um den Betrag, um den zum Beispiel ein Wagon-lit gebaut wird, ein reichlich großes Haus mit allem, was darinnen ist, zu errichten. Man möge daran die Unmöglichkeit einer soliden Basis erkennen. Während noch vor hundert Jahren für manches Kabinett in Schlössern selbst damals schon Hunderttausende gezahlt wurden, ist man heute geneigt, der Moderne Uneleganz und Ärmlichkeit vorzuwerfen, wo sie vielleicht die ungeahnteste Wirkung erreichen würde, wenn der nötige Auftrag da wäre. Die Surrogate der stilvollen Imitation können nur dem Parvenü genügen. Der Bürger von heute, ebenso wie der Arbeiter, müssen den Stolz besitzen, ihres Wertes voll bewußt zu sein, und dürfen nicht mit anderen Ständen wetteifern wollen, deren Kulturaufgaben erfüllt sind und die mit Recht auf eine herrliche Vergangenheit in künstlerischer Beziehung zurückblicken. Unser Bürgerstand hat seine künstlerische Aufgabe noch lange nicht erfüllt. An ihm ist jetzt die Reihe, der Entwicklung voll und ganz gerecht zu werden. Es kann unmöglich genügen, wenn wir Bilder, und wären sie auch noch so herrlich, erwerben. Solange nicht unsere Städte, unsere Häuser, unsere Räume, unsere Schränke, unsere Geräte, unsere Kleider und unser Schmuck, solange nicht unsere Sprache und unsere Gefühle in schlichter, einfacher und schöner Art den Geist unserer eigenen Zeit versinnbildlichen, sind wir unendlich weit gegen unsere Vorfahren zurück und keine Lüge kann uns über alle diese Schwächen täuschen. Es sei noch gestattet, darauf aufmerksam zu machen, daß wir uns bewußt sind, daß unter gewissen Umständen mit Hilfe von Maschinen ein erträglicher Massenartikel geschaffen werden kann; derselbe muß dann aber unbedingt das Gepräge der Fabrikation tragen. Wir halten es nicht für unsere Aufgabe, jetzt schon dieses Gebiet zu betreten. Was wir wollen, ist das, was der Japaner immer getan hat. Wer würde sich irgend ein Werk japanischen Kunstgewerbes maschinell vorstellen können? Was in unseren Kräften liegt, werden wir zu erfüllen trachten, wir können aber nur durch die Mitarbeit aller unserer Freunde einen Schritt weiterkommen. Es ist uns nicht gestattet, Phantasien nachzugehen. Wir stehen mit beiden Füßen in der Wirklichkeit und bedürfen der Aufgaben.‹

Innerhalb weniger Jahre war es der Wiener Werkstätte gelungen, Weltruf zu erlangen; hiervon zeugt die Teilnahme an internationalen Ausstellungen, wie in St. Louis, Berlin, Dresden, Frankfurt und London. In Wien veranstaltete man regelmäßig Vorträge und Ausstellungen, die langfristig darauf abzielten, eine geschmacksbildende Wirkung zu haben. Die Ausstellungen waren meist thematisch konzipiert, so 1905 über Bucheinbände und Vorsatzpapiere, 1906 ›Der gedeckte Tisch‹, eine Ausstellung, die einen modernen künstlerisch gedeckten Tisch präsentierte, 1907 führte man neue Ideen auf dem Gebiet der

Gartenkunst vor. Parallel hierzu wurden Vortragsabende veranstaltet, die auch wiederum pädagogisch motiviert waren, da hier Hoffmann, Moser und der seit 1904 der Werkstätte beigetretene Carl Otto Czeschka dem Publikum ihre kunstgewerblichen Vorstellungen vermittelten. Gerade die hier praktizierte Verbindung von Lehre und exemplarischer Formgebung war für spätere Unternehmungen, wie das Bauhaus oder die Stijl-Gruppe, vorbildlich.

Auch über die Grenzen Österreichs hinaus fand die Wiener Werkstätte eine immerhin so große Beachtung, daß z. B. die Zeitschrift ›Deutsche Kunst und Dekoration‹ ihr alljährlich eine Sondernummer widmete. Neben Berichten über ihre Erzeugnisse und die entwerfenden Künstler gab es auch solche über die offensichtlich ungewöhnliche Arbeitsatmosphäre. Es wurde betont, daß die ›Arbeit der menschlichen Hand, die in den meisten Betrieben fast ganz durch die Maschine zurückgedrängt worden ist‹, hier wieder gepflegt wird, entsprechend der Maxime ›lieber zehn Tage an einem Stück arbeiten, als zehn Stück an einem Tag‹, worin der Geist von Ruskin und Morris zum Ausdruck käme. Die Gesamtstruktur der Werkstätte sei ein Beweis sozialer Verantwor-

29   Josef Hoffmann, Ovaler niedriger Tisch, 1905, Eichenholz, furniert und massiv, schwarz gebeizt und gewachst, in die Poren weiße Farbe eingerieben. In der Mitte rechteckige schwarze Marmorplatte. Ausführung: Wiener Werkstätte. Österreichisches Museum für angewandte Kunst. Lit.: AWW, Möbel 1, S. 46; Deutsche Kunst und Dekoration 18, 1906, S. 460. Ausstellung: Die Wiener Werkstätte, 1967

30 *Josef Hoffmann, Schmuckkassette, 1906, Schwedische Birke und Eben-holz. Ausführung: Wiener Werkstätte. Österreichisches Museum für ange-wandte Kunst, Wien. Gezeigt auf der ›Kunstschau‹, Wien 1908, und im An-schluß daran für das Museum erworben. Lit.: Dt. Kunst und Dekoration 19, 1906/07, S. 460*

tung ihrer Gründer gegenüber den Mitarbeitern, denn ›die wirtschaftlichen Schwächen der angestellten Arbeiter werden nicht ausgenutzt, es wird viel-mehr Wert darauf gelegt, den Stamm tüchtiger Kunsthandwerker innigst mit dem Haus zu verbinden und jedem Einzelnen Liebe zu seiner Tätigkeit, Ach-tung vor seinen Mitarbeitern und dem von ihm und anderen geschaffenen Werken einzuflössen‹. Aus der Tatsache, daß jeder Gegenstand mit dem Mo-nogramm des entwerfenden Künstlers und des Handwerkers versehen ist, fol-gert der Autor: ›Hierdurch partizipiert der Handwerker am Lobe, das spätere Kenner dem Gegenstande zollen werden und es liegt in seinem Interesse, sein ganzes Können einzusetzen, um dem Werke, das doch auch seinen Namen trägt Tadel zu ersparen.‹

Eine Zuschreibungsmethode, die jedes Monogramm erübrigt, ist im übrigen von Gustav Klimt überliefert, der anläßlich der Ausstellung ›Der gedeckte Tisch‹ zu Ludwig Havesi bemerkte: ›Wenn man sofort sehen will, was von Hoffmann und was von Moser ist, braucht man nur zu schauen, wer davor steht. Bei Moser drängen sich alle Damen, bei Hoffmann strömen die Herren.‹

Spaltung der Sezession

Die Gründung der Wiener Werkstätte – mit ihrer Verbindung von Kunst und Kommerz – war letztendlich eine der Ursachen, die zu Auseinandersetzungen und schließlich zum endgültigen Bruch der Sezession führte. Als der Konflikt im Frühjahr 1905 offen ausbrach, hatte er schon einige Zeit geschwelt. Bereits bei der Diskussion um die Beteiligung an der Weltausstellung in St. Louis 1904 hatte es um die Auswahl und Art der Präsentation Auseinandersetzungen gegeben. Zunächst lehnte das Ministerium die Teilnahme generell ab, und als man schließlich doch zustimmte, war es für die Vorbereitungen schon reichlich spät. Einige Sezessionsmitglieder fühlten sich brüskiert – hierzu zählten in erster Linie wohl diejenigen, deren Teilnahme nicht vorgesehen war –, daß Josef Hoffmann bereits fertige Pläne für die Gestaltung hatte und Gustav Klimt allein die Auswahl treffen sollte. Auch das Ministerium hielt die Beteiligung so weniger Künstler für nicht repräsentativ. Als Ergebnis dieser Diskussion wurde der Raum schließlich an polnische Künstler vergeben. Zum endgültigen Bruch kam es bei den Auseinandersetzungen um die Galerie Miethke, deren Besitzer gestorben war und die nun unter der Leitung des Malers Carl Moll zu einer der Sezession angegliederten Verkaufsgalerie werden sollte. Dieser Plan rief natürlich all diejenigen auf die Barrikaden, die erklärte Gegner jeglicher Verknüpfung von Kunst und Kommerz waren. Immerhin hatte es sich hierbei auch um eine Grundmaxime der Sezession bei ihrer Gründung gehandelt. Bei der anschließenden Kampfabstimmung unterlagen die Befürworter dieses Planes, die Gruppe um Gustav Klimt, mit einer Stimme Differenz. Josef Auchentaller, Wilhelm Bernatzik, Adolf Böhm, Adolf Hölzel, Josef Hoffmann, Felician von Myrbach, Hans Schwaiger, Franz W. Jäger, Gustav Klimt, Max Kurzweil, Wilhelm List, Richard Luksch, Koloman Moser, Franz Metzner, Carl Moll, Emil Orlik, Alfred Roller und Otto Wagner zogen die Konsequenz und traten aus der Sezession aus. Damit verließen diejenigen Künstler die Vereinigung, die sie am entscheidendsten geprägt hatten. In einem Schreiben an das Unterrichtsministerium begründeten sie ihren Entschluß: Ihrer Ansicht nach müsse die Kunst auf das allgemeine Geschehen mehr Einfluß nehmen, denn kein Leben sei so reich, daß es durch Kunst nicht noch reicher werde, und keines so arm, daß darin für sie kein Raum gefunden werden könne. Damit wurde auch verklausuliert der eigentliche Konfliktstoff angedeutet: der Gegensatz der ›Nur-Maler‹ zu denjenigen, welche das Gesamtkunstwerk propagierten. Vom Wiener Publikum wurde der Bruch mit Bestürzung aufgenommen, und Ludwig Havesi schrieb, als sei hiermit bereits das Ende einer Stilepoche vorprogrammiert: ›Man wird einst ›Sezession‹ sagen, wie man heute ›Biedermeier‹ sagt. Unter unseren Augen ist ein neuer Stil entstanden.‹

Farbtafel I: Koloman Moser, Schreibtisch mit Sessel, vor 1902. Ausführung: Kohn. Galerie H. und W. Karolinsky, Wien. Lit.: Die Kunst 6, 1902, S. 457. (s. a. Abb. 134: Rückseite dieses Schreibtisches)

Die Kunstgewerbeschule

Neben der Sezession, die den Aufbruch signalisierte, der Wiener Werkstätte, die den neuen Stil popularisierte, war die Wiener Kunstgewerbeschule eine weitere wichtige Institution zur Verbreitung des funktionalen Stils. Hier unterrichteten und förderten die Lehrer Josef Hoffmann und Koloman Moser eine Fülle junger Talente, die später in die Annalen der Wiener Moderne eingingen. Dieser konstruktive Stil war nämlich nicht ein Individualstil, also die Leistung eines Einzelgenies – wie es letztlich bei Mackintosh der Fall war –, sondern es handelte sich hierbei bis zu einem gewissen Grade um einen Zeitstil, den eine Fülle von Künstlern repräsentierten. Diese relativ große und nicht exakt definierbare Gruppe stellte in gewisser Weise die Avantgarde dar. Sie konnte aber dennoch nicht auf das gesamte Kunstgewerbe Einfluß nehmen, denn parallel zu den neuen Formen wurden weiter Möbel mit dem vegetativen Ornament des Jugendstils oder im Stil des Historismus hergestellt.

Nach der bereits erwähnten Eroberung der Kunstgewerbeschule durch die Sezessionisten folgte die Ära von Felician von Myrbach, der bis 1905 die Schule leitete. Ihm zur Seite standen Josef Hoffmann (seit 1899 Professor), Kolo Moser, der 1899 berufen wurde und, nach einem Jahr provisorischer Lehrtätigkeit, im Jahre 1900 zum Professor ernannt wurde, und Alfred Roller. In seinen Erinnerungen schreibt Franz Servaes über diese Zeit der Neuorientierung: ›Der Leu war hiermit geweckt und er fing mächtig an zu brüllen. Zumal er in der jetzt gänzlich reformierten ... Schule die Höhle des Löwen fand, in der er sich üppig ausstrecken konnte, vor allem seit Hoffmann und Moser wegweisend vorangegangen waren.‹ Auch Josef August Lux prophezeite: ›Was die Schule von Prof. Hoffmann, K. Moser... auf allen Gebieten des Kunstgewerbes und der häuslichen Kunst leisten, wird bahnbrechend.‹

Unter Lehrern wie Hoffmann, Moser und Roller hatten sich auch die Lehrprioritäten gewandelt. Die Schüler wurden nicht länger auf eine einzig gültige künstlerische Richtung getrimmt, vielmehr sollten sie sich und ihre Talente selbst am Objekt erproben und realisieren.

Bereits 1901 hatte ›Das Interieur‹ über die Schule von Hoffmann ausführlich berichtet und betont, daß an Stelle der streng geführten Zeichenklassen nun die ›künstlerische Lehrwerkstatt‹ getreten sei, wo die Schüler nach Lust und Laune experimentieren könnten und die Produkte, die dabei herauskommen, sogar verkaufen dürften. In der ›Specialschule des Architekten Professor Hoffmann‹ gehen ›die jungen Leute anscheinend ganz frei und ungehindert umher, scheinen zu machen was sie freut und was sie können, statt nach ererbtem Brauche zu copieren‹. Über die Ergebnisse der Schule Hoffmann, die als eine ›Art Musterschule‹ hingestellt wird, heißt es: ›Von den Möbeln können wir zwei Hauptcharaktere bemerken; das aus Brettern gezimmerte Möbel und das

schachtelartige, welch letzteres mir besonders reizvoll und dem Wesen der
Mobile, Beweglichen, entsprechend erscheint; in gewissem Sinne stellt es einen
Urtypus des Raumeinschließenden dar. Jedenfalls sind all diese Möbel dem
Materiale und auch dem Gebrauchszweck gemäß ... Es geht ein Zug von Rein-
heit und keuscher Empfindung durch das Ganze. Glatte, saubere Möbel, ich
möchte sagen eng anschliessend, so wie ein modernes Herren- oder englisches
Damengewand. Es liegt Linie, Schwung und Empfindung darin, ohne äußeren
Aufputz.‹

Auch einzelne Schüler wurden mit ihren Arbeiten besonders lobend erwähnt,
so z. B. von Wilhelm Schmidt ein Arbeitszimmer, ›dessen Kraftleistung mir
aber doch ein Clavier scheint, das er für den Wettbewerb eines Petersburger
Hauses entwarf ... Auch der Entwurf Vollmers zu einem Studirzimmer atmet
die reinliche Luft der Hoffmann-Schule ... Franz Messner hat einen trefflichen
Salon für Pest ausgeführt.‹ Hervorgehoben wurde, daß die meisten Entwürfe
auch zur Ausführung gelangen. Von E. Holzinger sei ein ›Speisezimmer in
Mahagoni und patinirtem Kupfer besonders gelungen. Von Sumetzberger gefällt mir besonders der Schreibtisch ... Die Lösung des selbstständigen Aufsat-
zes und der Seitenkästen ist ganz ... trefflich. Von Max Benirschke möchte ich
den Salonschrank aus blau gebeiztem und polirtem Ahornholz mit Packfongbeschlägen hervorheben ... Fräulein Else Unger, die Tochter des berühmten
Radirers, die für die Schulausstellung in Paris den reizenden blauen Kasten ge-

Abb. 4

schaffen hat, zeigt besonders in einem Nussbaumschrank mit Messingbeschlä-
gen ihre Trefflichkeit auf diesem Gebiete; sonst scheint auch sie vor allem im
Flächenschmuck Anerkennenswertes zu leisten. Das gilt auch von Baronesse
von Falke, deren ausgezeichneter Kamin (Epheublätter in blaugrünem Relief)
mit Kupfertreibarbeiten des bereits erwähnten Messner jetzt auf Kosten des
Rothschild-Fonds ausgeführt wird.‹ Der Artikel schließt mit einer Lobes-
hymne auf den Lehrer: ›Die Besseren werden Hoffmanns jetzige Formen ge-
wiss nicht immer behalten, seinen Geist aber immer; denn es ist ihrer. Hoffmann hat ihn gestärkt und vor Verfälschung bewahrt und ihm die Mittel zum
Ausdruck verschafft. Das ist viel, das ist das Größte, was ein Lehrer vermag.‹
Auch die Klasse von Moser erfuhr in der Presse höchste Anerkennung, so
schrieb z. B. Ludwig Havesi im ›Fremdenblatt‹ vom 31. Mai 1901: ›In der Mo-
ser-Schule herrscht die größte Mannigfaltigkeit. Wie der Lehrer versuchen sich
die Schüler in allen Materialien und lassen durch Stoff und Technik ihren Witz
in einer gewissen spezifischen Weise anregen.‹

Eine der regelmäßig stattfindenden Ausstellungen wurde von Ludwig Abels im
›Interieur‹ (II, 1901) rezensiert. Er beginnt mit einem Satz von Peter Alten-
berg, der ihm für die Intentionen der Schule symptomatisch erscheint: ›Mit
Wenigem Viel sagen, das ist es! Die weiseste Ökonomie bei tiefster Fülle, das
ist beim Künstler alles.‹ Eine solche Ausstellung hätten letztendlich ›ein paar

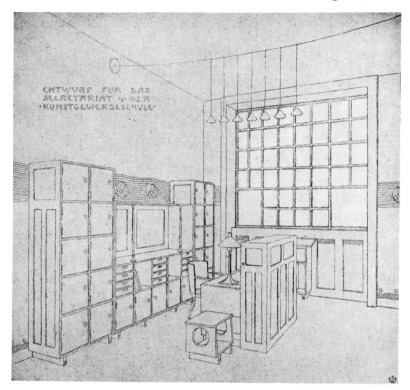

ENTWURF FÜR DAS
SECRETARIAT DER
KUNSTGEWERBESCHULE

*31 Wilhelm
Schmidt, Sekreta-
riat der k. k.
Kunstgewerbe-
schule. Ausge-
führt in rot ge-
beiztem Rusten-
holz von Kunst-
tischler Wenzel
Hollmann*

vernünftige, modern denkende Lehrer zustande gebracht‹, nämlich Roller,
Hoffmann, Moser, Matsch und Myrbach. Von den Exponaten wurden besonders das nach einem Entwurf von Wilhelm Schmidt vom Kunsttischler   *Abb. 31*
Wenzel Hollmann ausgeführte Sekretariat der Kunstgewerbeschule und ein
von der Prag-Rudniker Korbwarenfabrik hergestelltes Vorzimmer mit blau-
lackiertem Rahmenwerk aus Eichenholz mit Füllungen aus Naturrohrgeflecht
erwähnt. Über den Lehrstoff der Schule heißt es, daß er die ›gesamte Ausstattung eines Hauses mit allen Gebrauchs- und Ziergegenständen, welche – ge-
stimmt auf den jetzigen Bedarf – den Menschen‹ beinhalte.
Die Aufgabe der Schüler definiert Hoffmann selbst im Ausstellungskatalog:
›Quelle der Motive ist der reine Zweck, Hauptstütze absolute Ehrlichkeit und
Schlichtheit in der Auffassung und Durchführung. – Da die technische und
handwerkliche Vorbildung namentlich im Möbelfach Bedingung ist, genügt
es, Arbeiten unter eigener Leitung und nach eigenen Entwürfen durchführen
zu lassen. Das Hauptgewicht liegt also im E n t w u r f e . Jedoch ist hier Regel,
dass alle Details, die eine Gefühlsbeanspruchung verlangen, von den Schülern

selbst modellirt, oder in irgend einem Material eigenhändig durchgeführt werden.‹

Nachdem Felician von Myrbach die Schule bis 1905 geleitet hatte, folgte – nach
einem relativ kurzen Rektorat von Oskar Beyer – 1909 Alfred Roller, der das
Kollegium im selben Jahr mit einer Reihe von Künstlern wie Berthold Löffler,
Michael Powolny, Otto Prutscher und Oskar Strnad erweiterte. Somit waren
alle Klassen mit Lehrern der jüngeren, der Moderne aufgeschlossenen, Generation besetzt.

1907 widmete die englische Zeitschrift ›The Studio‹ der Kunstgewerbeschule
einen umfangreichen Artikel, in dem neben der Organisation auch auf die Zu-
sammensetzung der einzelnen Klassen eingegangen wird. Auf Grund des Bei-
spieles der in der Emailklasse lehrenden Adele von Stark wurde betont, daß
weibliche Lehrkräfte in vergleichbaren Institutionen keinesfalls selbstverständlich sind und daß dies für den progressiven Geist der Schule spräche.
Überhaupt sei die relativ große Anzahl weiblicher Studenten erstaunlich.

Ausstellungen, wie im Buchgewerbemuseum in Leipzig 1907 und in London,
brachten der Kunstgewerbeschule auch im Ausland Anerkennung und Publizität.

Eine Vereinigung, die mit der Schule und einigen ihrer Lehrkräfte aufs engste
verbunden war, ist die 1901 von Hoffmann, Moser und Schülern bzw. Absolventen der Kunstgewerbeschule gegründete ›Wiener Kunst im Hause‹, die in
ihrer Zielsetzung – der gemeinsamen Arbeit und der Realisierung von Ideen
und Entwürfen – der Wiener Werkstätte verwandt war. Im ›Interieur‹ (III,
1902) heißt es über sie: ›So nennt sich eine neue Gruppe junger Künstler und
Künstlerinnen, die sich die Pflege eines gediegenen modernen Einrichtungs-
styls mit specifisch wienerischer Note zum Ziel gesetzt haben. Die Damen Baronesse Falke, Marietta Peyfuss, Jutta Sicka, Else Unger und Trethahn, die
Herren Emil Holzinger, Franz Messner, Wilhelm Schmidt, Karl Sumetsberger
und Hans Vollmer, insgesamt Absolventen der Wiener Kunstgewerbeschule
u. zw. aus den Schulen der Professoren Josef Hoffmann und Koloman Moser,
haben im vergangenen Winter zum ersten Mal corporativ ausgestellt. Im Ha-
nuschsaal des Wiener Kunstgewerbevereins haben sie drei Zimmer mit voll-
ständiger Einrichtung … aufgestellt. … Während die männlichen Mitglieder
meist die Composition des Raumes und die Herstellung der Möbel besorgen
und überwachen, haben die Damen die Beistellung der Ausstattung übernommen; Specialist in Beleuchtungskörpern ist Franz Messner.‹

Nach diesem erfolgreichen Debüt – auch Berta Zuckerkandl, die unermüdliche
Chronistin der Wiener Kunstszene, sprach von ›individuellen, modern emp-
fundenen Gestaltungen‹ – beteiligte sich die Gruppe 1902 an der Sezessionsausstellung und im selben Jahr an der Düsseldorfer Kunstgewerbeausstellung, wo
u. a. Marietta Peyfuss mit einem Toilettenschrank aus graugebeiztem Rusten-

AUS DER AUSSTELLUNG DER K. K. KUNST- GEWERBE-SCHULE IN WIEN.

ARCHITEK
TURSCHULE
PROF·JOSEF
HOFFMANN

AL. HOLLMANN (HOFFMANN-SCHULE), KASTEN UND TISCHCHEN FÜR RAUCHUTENSILIEN. GRAU GEBEIZTE EICHE, INNEN SCHWARZ POLIERT, OBERE TÜREN MIT BLEIVERGLASUNG. STOFFBEZUG DES STUHLES MIT SCHWARZGRAUEM MUSTER VON FRITZ DIETL.

holz mit Intarsien in gelbgebeiztem Satinholz und Emil Holzinger mit einem
Salonschrank aus Nußholz mit Intarsien und Packfongbeschlägen vertreten
waren. Von 1903 an verfügte die ›Wiener Kunst im Hause‹ auch über eigene
Räume in der Jakobergasse 3.

33   Carl Moll, Weißes Interieur, ausgestellt auf der ›Kunstschau‹, Wien 1908.
Die Einrichtung entwarf Josef Hoffmann. Die Kunst 18, 1907/08, S. 532

Konstruktiver Jugendstil

Bei der um 1900 einsetzenden Wiener Variante des Jugendstils, die hier mit dem Begriff ›Konstruktiver Jugendstil‹ bezeichnet wird, handelt es sich nicht um einen Individualstil. Nicht die kreative Individualität eines einzelnen Künstlers hat diesen Stil letztendlich geprägt und kann also folgerichtig ausschließlich mit ihm identifiziert werden, sondern dieser Stil ist das Produkt einer Gruppe von Künstlern. Die klare, nüchterne Formensprache des Konstruktiven Jugendstils wurde von einer Gruppe praktiziert, die hier bewußt auf Eigenindividualität zugunsten der Gruppensprache verzichtete. Die zum Teil nahezu identischen Gestaltungen führen heute zu großen Problemen bei der Zuschreibung, da der Kunstmarkt einen solchen künstlerischen Gruppenkonsens nur widerwillig akzeptiert und stets auf große Namen erpicht ist.

In Wien war um 1900 die Basis für eine Neuorientierung der künstlerischen Richtung so weit vorbereitet, daß diese Gruppe von Künstlern nicht wie einsame Prediger in der Wüste ihre Ziele propagieren mußten, sondern sie fanden zahlreiche Mitstreiter und ein wenigstens zum Teil aufgeschlossenes Publikum. Viele der aktiven Mitstreiter – hierzu zählen auch Mäzene und Auftraggeber – kamen aus Kreisen des Großbürgertums. Die Familien Wittgenstein, *Abb. 13* Wärndorfer, Primavesi, Böhler, Knips, Zuckerkandl, Mauthner und Stoclet waren stolz auf ihren exklusiven Geschmack, der sich in einem ausgeprägten *Abb. 95* Individualstil niederschlug. Mit Künstlern wie Hoffmann und Moser bzw. Firmen wie die Wiener Werkstätte ließ sich das von ihnen gewünschte exklusive Ambiente realisieren. Gerade einer Persönlichkeit wie dem von der Vitalität der Gründergeneration geprägten K. Wittgenstein mußten die kompromißlose Entschlossenheit und die Initiative der jungen Künstler imponieren. Weitere, meist über bescheidenere Mittel verfügende, Auftraggeber waren die Künstlerkollegen, wie Carl Moll, der sich von Hoffmann einrichten ließ. *Abb. 33* Eine wichtige Komponente, die den Stil populär machte und ihm eine entspre- *Abb. 37* chende Verbreitung garantierte, war die Tatsache, daß Firmen, die auf die Herstellung billiger, aber formschöner Massenmöbel spezialisiert waren, wie Thonet oder J. & J. Kohn, sich von den Protagonisten der Moderne beraten ließen. Knapp vor der Jahrhundertwende hatte Felix Kohn, der Präsident der Bugholzerzeugung Jakob und Josef Kohn AG, den Hoffmann-Schüler Gustav Siegel in seine Firma geholt und ließ sich darüber hinaus laufend von Josef Hoffmann beraten. Den Erfolg dieser Bemühungen dokumentiert der auf der Pariser Weltausstellung im Jahre 1900 preisgekrönte Stuhl, der nach einem Entwurf von Gustav Siegel hergestellt wurde.

Als Vater dieses funktional-konstruktiven Stils gilt der im Vergleich zu seinen Mitstreitern eine Generation ältere Otto Wagner. 1894 wurde er an die Wiener Akademie berufen und wirkte dort als Lehrer u. a. von Josef Hoffmann und Joseph Maria Olbrich. Während seine frühen Bauten noch ganz vom Historismus geprägt waren, folgte mit Beginn seiner Lehrtätigkeit eine Phase der theoretischen Neuorientierung. Sein 1895 publiziertes Buch ›Moderne Architektur‹, in dem er die These vertritt, daß der Ausgangspunkt der modernen Architektur in den Erfordernissen des modernen Lebens liege, hat programmatische Bedeutung für die spätere Entwicklung. Er forderte bereits damals einen Stil, der seine Ausdruckskraft von den Konstruktionsprinzipien und der Materialanwendung herleiten sollte, zwei für die Wegbereiter des neuen Stils exemplarische Prinzipien.

Josef Hoffmann, der 1895 mit einem neoklassizistischen Entwurf den Rompreis gewonnen hatte, war von der kubischen Architektur der Häuser auf Capri sehr beeindruckt, und sie werden stets als Quelle der Inspiration für eine späteren Arbeiten zitiert. Joseph Maria Olbrich fühlte sich dagegen stärker dem englischen Cottagestil verpflichtet, jenem Stil, der nach der Abkehr von der industrialisierten Welt und dem bewußten Rückgriff auf das Handwerk im englischen Landhaus und der handwerklichen Interieurkunst seine Verwirklichung fand. Da Olbrich bereits 1899 nach Darmstadt berufen wurde, konnte er auf die Wiener Entwicklung nur noch peripheren Einfluß nehmen.

Zu den engagiertesten und in seinen Schriften scharfzüngigsten Verfechtern neuer Raumkonzepte zählt Adolf Loos. Er war der Purist der Wiener Schule und wurde nicht müde, mit unmißverständlicher Deutlichkeit die Tendenz, ›dem Leben ein Festkleid überzuwerfen‹, zu verurteilen. Er war der Asket unter den Entwerfern, der ständig die Priorität der Funktion forderte. Loos, der von 1893–1896, also während der Blüte der Schule von Chicago, in Amerika gewesen war, kann durchaus Anregungen von Louis Sullivan aufgegriffen haben, der bereits 1892 schrieb, daß ›Ausschmückung … Luxus und nicht Notwendigkeit sei‹ und von dem der berühmte Satz ›form follows function‹ stammt.

Schließlich sei noch derjenige genannt, auf den die für diesen Stil so typischen rein geometrischen Ornamente zurückzuführen sind. Zwar wurde Hoffmann mit dem Spitznamen ›Quadratl-Hoffmann‹ bedacht, doch gebührt Koloman

34   Otto Wagner (zugeschrieben), Sessel, um 1902. Messing, gebogen, Original Stoffbezug. Julius Hummel, Wien

▶

35   Joseph Maria Olbrich, Kleiner Tisch, 1899. Mahagoni poliert, Tischplatte mit Filz bezogen. Ausführung: Josef Niedermoser. Stefan Asenbaum, Wien. Der Tisch stammt ebenso wie der folgende Stuhl aus der Einrichtung, die Olbrich für die Wiener Wohnung der Burg-Schauspielerin Maria Wölzl entworfen und Josef Niedermoser 1899 ausgeführt hat.

36   Joseph Maria Olbrich, Stuhl, 1899. Ahorn poliert, Sitz mit Originalstoff bezogen. Ausführung: Josef Niedermoser. Stefan Asenbaum, Wien. Dieser Stuhl dokumentiert den englisch-schottischen Einfluß – speziell von Mackintosh – auf die sich neu formierende Kunstszene in Wien.

Farbtafel II   Moser die Ehre. ›Für den Wiener war Kolo Moser der Mann des Quadratls; die meisten meinen er habe das Schachbrett erfunden‹, schrieb bereits Hermann Bahr.

Neben den ›Wortführern‹ des Konstruktiven Jugendstils Otto Wagner, Adolf Loos, Josef Hoffmann und Koloman Moser, die alle auch pädagogisch gewirkt haben – Loos hielt zwar an der Pariser Sorbonne Vorträge, in Wien durfte er allerdings nur an einer Privatschule, dem Schwarzwaldschen Lehrinstitut, lehren –, muß auch die große Zahl von Mitarbeitern und Schülern genannt werden, die letztlich zur Verbreitung des Stils beitrugen. Hierzu zählen u. a. Marcel Kammerer, Gustav Siegel, Joseph Urban, Franz Messner, Robert Oerley, Wilhelm Schmidt, Leopold Bauer, Clemens Frömmel, Rudolf Hammel, Otto Prutscher, Max Benirschke, Carl Otto Czeschka, Emil Holzinger, Josef

Frank, Hans Ofner und Anton Lorenz. Zu den ausführenden Firmen gehören neben der Wiener Werkstätte und den bereits erwähnten Industriebetrieben auch die Hersteller der sogenannten ›Tischlermöbel‹, wie Portois & Fix, Schönthaler, Friedrich Otto Schmidt, Bernhard Ludwig, Heinrich Irmler, Jacob Soulek, August Ungethüm, Ludwig Schmitt und Sigmund Jaray; die Korbwarenfabrik Prag-Rudniker war führend in der Umsetzung der neuen Ideen auf Korbwarenmöbel.

Was sind nun die wesentlichen Stilelemente des Konstruktiven Jugendstils? Im Gegensatz zur sezessionistisch ornamentalen Gefühlslinie, dem Spiel von Kurven und Zierraten und den den Jugendstil schlechthin prägenden vegetativen Dekorationselementen mit der Betonung der Asymmetrie wird der

Abb. 37
Abb. 38

Konstruktive Jugendstil von der geraden Linie, den kubischen Formen bestimmt. Klare, geometrische Primärformen und die Betonung der Flächenkonstruktion verhalfen der Richtung zu dem Spitznamen ›Brettlstil‹; durch ihre

◄

*37 Josef Hoff-
mann, Sechsecki-
ger Tisch aus
der Villa Moll,
1904. Eiche
schwarz poliert,
weiße Marmor-
platte. Ausfüh-
rung: Wiener
Werkstätte.
Stefan Asenbaum,
Wien*

*38 Josef Hoff-
mann, Beistell-
tisch, 1904. Eiche
schwarz poliert,
weiße Marmor-
platte. Ausfüh-
rung: Wiener
Werkstätte.
Stefan Asenbaum,
Wien*

▶

40   Koloman Moser,
Schmuckkassette
mit geometrischem
Dekor, um 1905,
Lit.: Ausstellungska-
talog Cinquantenaire
de l'Exposition de
1925. Musée des
Arts Décoratifs,
Paris, 1977, Nr. 4

39   Josef Hoffmann
(zugeschrieben),
Stuhl, um 1903.
Buche weiß gestri-
chen. Julius Hum-
mel, Wien

glatten, ungegliederten Flächen erhalten die Möbel eine strenge Tektonik. Das Verhältnis von Stütze und Kraft ist besonders an Tischen und Stühlen durch zusätzliche Elemente betont. So verwendet Hoffmann als Verstrebungen seiner Stühle Kugeln, die zwischen Beine und Sitzfläche eingehängt sind und so gleichzeitig konstruktiv wichtige Punkte betonen. Die primären Gestaltungsregeln waren geometrische Ordnung und ornamentale Reduktion. Gemildert wurde dieser Eindruck der Blockhaftigkeit durch die Verwendung kostbarer Intarsien aus edlen Hölzern, Elfenbein oder Perlmutt. Diese Einlegearbeiten, die besonders die Entwürfe von Moser charakterisieren, weisen manchmal neben geometrischen auch figurative Dekors auf.

Abb. 78
Abb. 82

Farbtafel IV

Abb. 103

Konstruktive Zweckmäßigkeit und ornamentale Sachlichkeit verleihen den Räumen dennoch eine architektonische Strenge. Dem ›horror vacui‹ der Historismusepoche folgte nun ein ›amor vacui‹, die konsequente Sparsamkeit in Möblierung und Dekoration. Das ›Gesamtkunstwerk‹, die straffe Einheit aller Teile eines Interieurs vom Blumentopf über das Treppengeländer bis zu Tapeten und Teppichen, wurde nachdrücklich betont. Alle Einrichtungsgegenstände mußten aus einem Guß sein. Nicht zuletzt war es eine Institution wie die Wiener Werkstätte, die diese einheitliche Einrichtungsgestaltung erst ermöglichte.

Eine zeitgenössische Chronistin, Berta Zuckerkandl, beschreibt in einem Artikel über die Villenkolonie ›Hohe Warte‹ sehr treffend die Stilwende: ›Nun wendet sich Hoffmann aber definitiv vom Ornament ab, und die Konstruktion wird ihm das innerste Schaffens-Prinzip. Er hat sich zu dem Bewußtsein durchgerungen, daß ein Stil nur durch das Erkennen der psychischen und physischen Zeit-Bedürfnisse, durch die Übersetzung dieser Erkenntnisse in logisch gestaltete, den Zweck möglichst rein und stark betonende Formen herausgebildet werden kann … Der Künstler sucht nun zunächst seinen architektonischen, sowie seinen Gebrauchs- und Möbelformen dieselbe Vollendung der Materialbehandlung, dieselbe unerschütterliche Logik der Struktur, dieselbe Selbstverständlichkeit und dieselbe Phrasenlosigkeit angedeihen zu lassen. Er wird in seinen Gestaltungen herb und schmucklos. Es ist, als wollte er die Anatomie der Dinge in unerschütterlicher Wahrheit voll und ganz zum Ausdruck bringen … Dazu tritt das individuelle Moment, das alle Konstruktions- und Zwecklogik siegreich durchdringende Temperament. Wer einmal Hoffmann'sche Formen mit Aufmerksamkeit und Verständnis betrachtet hat, kann deren Eigenart nimmermehr vergessen.‹

Abb. 40
Farbtafel II

Dieselbe Autorin, der eine Vielzahl von scharfsinnigen Zeitdokumenten zu verdanken sind, schreibt über Koloman Moser: ›Populär wurde er in Wien durch sein Viereckel Ornament. Natürlich nur populär im Sinn einer höheren Hetz. Es wurde darüber gestritten, ob der Moser ein Narr sei oder ein Schwindler, oder Aufsehen erringen will oder beides zusammen … Daß Moser die geometrische Form des Ornaments dem abgebrauchten Reißbrettornament des Kopiestils entgegenstellt, daß er dem lügnerischen Aufputz einer Talmiwelt ein Ende macht, indem er das Ornament nur zur Unterstützung, zur Unterstreichung der tektonischen Funktion dulden wollte, davon verstanden Publikum und Kritik nichts. Den tiefsten Sinn aber, der in dem angeschlagenen Thema dieser Form des Vierecks enthalten war, haben Moser, Klimt und Hoffmann in den ersten Jahrzehnten des 20. Jahrhunderts schöpferisch bekräftigt.‹ Die Arbeiten von Koloman Moser und Josef Hoffmann weisen besonders in der Zeit ihrer gemeinsamen Schaffensperiode für die Wiener Werk-

Abb. 24
und
Abb. 25

stätte 1903–1906 eine starke stilistische Verwandtschaft auf, so daß es häufig schwierig ist, den eigentlichen Schöpfer eines Dekorationselementes zu bestimmen. Die gegenseitige künstlerische Beeinflussung war zeitweise so stark,

▶

Farbtafel II: Koloman Moser (zugeschrieben), Blumentisch, 1903. Buche, weiß gestrichen, die Blechschalen in Schwarzweißdekor bemalt. Julius Hummel, Wien. Lit.: Kat. Koloman Moser, 1979, Nr. 235

daß bei nicht signierten oder einwandfrei an Hand der zeitgenössischen Literatur zu identifizierenden Stücken eine eindeutige Zuschreibung sich häufig als problematisch erweist. Diese Schwierigkeiten, die nicht zuletzt auf der Reduktion des Individualstils zugunsten des Gruppenstils basieren, beziehen sich auch auf die Schüler von Hoffmann und Moser an der Kunstgewerbeschule. Von den Lehrern ging ein großes künstlerisches Stimulans aus, sie waren das erklärte Vorbild, dem es nachzueifern, das es auch zu kopieren galt. In diesem Zusammenhang darf auch nicht vergessen werden, daß ein Großteil der Möbel als anonymes Produkt, ja sogar Massenprodukt, konzipiert war, ihrem Selbstverständnis nach ein Gebrauchsgegenstand, dessen Platz nicht im Museum sein sollte.

Abb. 50

Zu den wesentlichen Vorläufern dieses funktional-konstruktiven Stils zählt das Werk von Charles Rennie Mackintosh, der einen bedeutenden Einfluß auf die Wiener Entwicklung genommen hat. Die brettartige Konstruktion seiner Möbel, das Quadrat als Ornament und Flächengliederung wurde besonders von Hoffmann und Moser aufgegriffen. Während bei Mackintosh aber formal-ästhetische Kriterien im Vordergrund standen, versucht Hoffmann eine Synthese von ästhetischen und praktikablen, den Wohnbedürfnissen der Menschen entsprechenden Vorstellungen zu realisieren. Im Gegensatz zu den überlangen Rückenlehnen der Stühle von Mackintosh, die immer stärker manierierte Züge annehmen, nur noch Kunstwerk und immer weniger Gebrauchsgegenstand sind, setzen Hoffmann und seine Kollegen die von dem Schotten aufgegriffenen Anregungen in Interieurs um, in denen die Menschen nicht zu Statisten einer höheren Wohnkultur degradiert sind, sondern sich als Bewohner fühlen. Für sie bedeutet das funktionale Element, daß ein Gegenstand wirklich seiner Funktion optimal entsprechen muß, z. B. ein Stuhl der des Sitzens. Also die Priorität der Funktion vor der Form.

Abb. 41
und
Abb. 42

Religiöse Prinzipien stehen im Vordergrund eines weiteren Vorläufers des Funktionalismus, der Erzeugnisse der Shaker. Diese religiöse Sekte – geistig den Quäkern verwandt – ist 1747 in England gegründet worden. Wie viele andere Gemeinschaften suchten auch sie ihr Heil in der Neuen Welt, um keinen Verfolgungen und Pressionen mehr ausgesetzt zu sein und in der Gemeinschaft ihrem Glauben leben zu können. 1787 entstand die Shaker Community New Lebanon im Staat New York. Ihr Glaubensgrundsatz war eine Art christlicher Kommunismus, der allen Prunk und Luxus ablehnte. In Verweigerung der kapitalistischen Produktionsmethoden des 19. Jahrhunderts stellten sie die Gegenstände des täglichen Bedarfs selbst her. Das Ergebnis im Bereich der Möbelproduktion basiert auf der Erkenntnis, daß ›Schönheit auf Zweckmäßigkeit‹ beruht und ›jeder Gegenstand kann vollständig genannt werden, der genau den Zweck erfüllt, für den er bestimmt ist‹. Hier werden die von Sullivan propagierten Prinzipien des Funktionalismus bereits vorweggenommen.

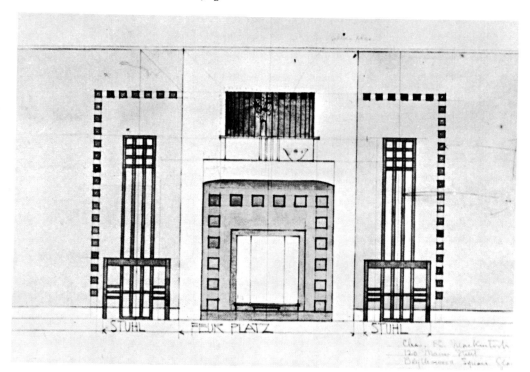

◄

41   *Charles R. Mackintosh, Entwurf*
für einen Kaminplatz für einen öster-
reichischen oder deutschen Auftragge-
ber, 1900–1903

42   *Koloman Moser, Salon (evtl.*
Modesalon Flöge), vor 1904. Ausfüh-
rung: Wiener Werkstätte. Lit.: Stühle
abgebildet in: Hohe Warte I, 1904/05,
S. 28; Deutsche Kunst und Dekorati-
on 16, 1905, S. 524

43   *Schaukelstuhl aus Ahorn und*
blau-weiß gestreiftem Stoffsitz. New
Lebanon, um 1850

Die schlichte Gestaltung der Möbel erfüllte ebenso die Glaubensvorstellungen   *Abb. 43*
der Shaker, wie ihre Standardisierung und das Bemühen um technische Verein-
fachung in der Herstellung – die auch die Verwendung von Maschinen ein-
schloß – den Bedürfnissen der Pioniere Amerikas entsprach. Die Shaker selbst
waren Pioniere sowohl hinsichtlich der Massenproduktion von Möbeln eines
Michael Thonet als auch des von der Funktion geprägten Möbeldesign des
20. Jahrhunderts.
Eine weitere wichtige – und für Wien sehr naheliegende – Stilquelle, diesmal
weniger im Sinn unmittelbarer Inspiration als vielmehr der Tradition, ist das
Biedermeier. Beim Biedermeier hat es sich im Grunde um den letzten eigen-
ständigen Stil gehandelt, dem nur noch die Stilimitation des Historismus folgte. Auch beim Biedermeier, eines von den Prinzipien des Bürgertums gepräg-

45 *Josef Hoffmann, Schreibtisch, Entwurf 1901. Buche mahagonigebeizt und poliert, Schreibfläche mit Leder bezogen, Beschläge und Nieten aus Messing. Ausführung: Kohn. Julius Hummel, Wien. Lit.: Katalog Gebogenes Holz, 1979, Nr. 39*

◄

44 *Koloman Moser, Tisch, um 1901. Buche mahagonigebeizt und poliert, Platte mit Filz bezogen und Glas, Kugelfüße und Nieten aus Messing. Ausführung: Kohn. Julius Hummel, Wien. Lit.: Inserat der Firma Kohn in der Zeitschrift ›Hohe Warte‹, Jg. 2, Heft 19–20, Wien 1905/06, S. 278*

46   Josef Hoffmann (zugeschrieben), Stuhl, um 1905. Buche elfenbeinfarben lackiert. Julius Hummel, Wien. Lit.: Katalog Konstruktiver Jugendstil, 1979, S. 19

47   Josef Hoffmann (zugeschrieben), Beistelltisch, um 1903. Julius Hummel, Wien. Lit.: Vienna Moderne 1898–1918, 1978, Nr. 75

▶

49   Josef Hoffmann,
Speisezimmer, 1901.
Lit.: Ch. Holme, The
Art-Revival in Austria,
Special Number The Stu-
dio, London 1906,
Abb. C14

48   Josef Hoffmann, Ses-
sel, Entwurf um 1901.
Buche schwarz gebeizt
und poliert, Sitzfläche
und Rückenlehne mit
Leder bezogen, Füße mit
Aluminiummanschetten.
Ausführung: Kohn, Julius
Hummel, Wien. Lit.:
Ch. Holme, The Art-Revi-
val in Austria, Special
Number The Studio, Lon-
don 1906, Abb. C14

ten Stils, hatte man Wert auf Schlichtheit, Materialechtheit und eine bereits beginnende Funktionalität gelegt. Die Möbel wurden den Proportionen des Menschen angepaßt und nicht umgekehrt wie in der Epoche des Historismus. Die bei der Konstruktion vorherrschende gerade Linie sowie ihre Flächenhaftigkeit weisen Analogien zu dem Wiener Stil um 1900 auf. Auch die Art der Anordnung und die zu einer kompletten Möbelgarnitur gehörenden Einzelteile haben verwandte Züge. Berta Zuckerkandl hat im Jahre 1901 darauf hingewiesen, wie sehr die Wiener Moderne diesem Stil verpflichtet sei: ›An dieser Stelle habe ich im vergangenen Jahre anläßlich der ersten dem Kunstgewerbe gewidmeten Ausstellung der Sezession darauf hingewiesen, dass die Kristallisation der neuen Kunstempfindungen nun auch bei uns, so wie es in Belgien, in England der Fall war, zu einem nationalen Stil geführt habe. Die Möbelprofi-

lierungen, welche die der Sezession angehörenden Künstler des angewandten Dekors geschaffen, trugen ein so eigenes Gepräge, dass auch der naive Beschauer sie unmöglich mit den Linienausschnitten eines van de Velde oder eines Ashbee hätte verwechseln können. Es ist schon oft gesagt worden, doch soll es der grösseren Verständlichkeit wegen nochmals wiederholt werden: Die Anknüpfung an den Biedermeierstil schien den genannten Wiener Künstlern die logische Fortbildung der Moderne ... Rhythmischer Wohllaut der Proportionen, grosse Einfachheit der Profilierungen, logisches Erkennen des Nutzzweckes waren die Hauptmerkmale dieses Wiener Stiles, deren technische Vollkommenheit durch die exquisite Behandlung des Materials, welches immer nur als glatte Fläche verwendet wurde, hervorragte.‹

Auch die Zeitschrift ›Hohe Warte‹ widmet in ihrer ersten Ausgabe (1904/05) dem ›Biedermeier als Erzieher‹ eine ausführliche Würdigung: ›Die Sachlichkeit, die das Mobiliar aus den Prunk- und Repräsentationszwecken der vorausgegangenen Epochen wieder zu den lediglichen Gebrauchszwecken zurückführte und es zu organischen Gebilden gestaltete, ist ein weiteres vorbildliches erzieherisches Moment der Biedermeierzeit.‹ In demselben Artikel wird auch Alfred Lichtwark zitiert, der auf die Tradition des Biedermeiers verweist: ›in Wirklichkeit sind das Empire und sein Ausklang, die stille Biedermeierzeit, die eigentliche Keimperiode des modernen Möbels. Das Bürgertum richtete sich ein und in der ersten Energie der Lebensäußerung erfand es für alle neuen Bedürffnisse die neuen Möbeltypen‹. Lichtwark betont auch, daß ›der Mensch das Maß aller Dinge sei‹, und diese Erkenntnis habe gerade im Biedermeier eine wichtige Rolle gespielt: ›Man lernte die Höhe (des Tisches) beachten, die sich nach der Höhe des Stuhles richtete, man sorgte dafür, daß die Zarge nicht zu tief herabreichte, damit die Knie der Sitzenden nicht belästigt wurden, man bildete die Beine möglichst dünn, ohne Querstangen und stellte sie so, daß sie den Sitzenden nicht im Wege waren.‹ Der Artikel endet mit einem Satz von William Morris, der sowohl für das Biedermeier als auch für den Konstruktiven Jugendstil als Devise gelten kann: ›Ich möchte sie daran erinnern, dass einst jedermann, der ein Ding machte, es als ein Kunstwerk und zugleich als nutzbares Hausgerät schuf, während heute nur sehr wenige Dinge auch nur den geringsten Anspruch darauf haben, als Kunstwerk angesehen zu werden.‹

Die Zeitgenossen selbst verwiesen, wie z. B. Mackintosh oder wie es im Arbeitsprogramm der Wiener Werkstätte nachzulesen ist, immer wieder auf die Parallelen zu japanischen Einrichtungsprinzipien, deren asketische Strenge und Einfachheit auch für die Wiener Moderne vorbildlich sei. Hier kann weniger von einem direkten Vorbild als von einer Stilassoziation gesprochen werden, da die japanische Kunst den gesamten Jugendstil nachhaltig beeinflußt hat.

Es wurde hier versucht aufzuzeigen, wo bereits stilistische und inhaltliche Par-

50 Koloman Moser und Josef Hoffmann (als Gemeinschaftsentwurf zugeschrieben), Sessel, um 1903. Buche weiß gestrichen mit schwarzen Kugelgriffen und schwarzer Polsterung. Julius Hummel, Wien. Lit.: Katalog Koloman Moser 1979, Nr. 217

allelen aufgetreten sind, ohne daß man von einer direkten Beeinflussung sprechen kann, wie bei den Shakern und dem japanischen Vorbild, während man im Falle des Biedermeiers und von Charles Rennie Mackintosh ein unmittelbares Stilvorbild bzw. eine vorbildliche Stiltradition annehmen muß.

Festzuhalten bleibt, daß die fundamentale Einfachheit und Praktibilität, die viele dieser Möbel auszeichnet, für wichtige Designströmungen des 20. Jahrhunderts, wie z. B. das Bauhaus, als Vorbild, wenn nicht gar als Initialzündung dienten.

Die Künstler

Otto Wagner

Otto Koloman Wagner wurde am 13. 7. 1841 in Penzing, einem Vorort von Wien, als Sohn eines königlich-ungarischen Hofnotars geboren. Nach dem Willen des Vaters sollte er Jurist werden, doch zog er ein Studium am Wiener Polytechnischen Institut vor, wo Stummer von Traunfels – der bereits Wagners späteren Lehrer Sicardsburg unterrichtet hatte – Vorlesungen über Baukonstruktion hielt. Nachdem er zwischenzeitlich an der Königlichen Bauakademie in Berlin studiert hatte, kehrte Wagner 1861 nach Wien zurück, um dort bei van der Nüll und Sicardsburg – den Erbauern der Wiener Oper, die durch die heftige Kritik an diesem Bauwerk Selbstmord verübten – 1862 seine Studien abzuschließen. Er selbst schätzte an Sicardsburg das ›Utilitätsprinzip in seiner Künstlerseele‹ und bei van der Nüll sein ›unerreichbares Zeichentalent‹.

Im selben Jahr trat er in das Büro des maßgeblich an der Planung der Ringstraßenarchitektur beteiligten Ludwig von Förster ein, wo er in der Folgezeit weitgehend selbständig eine große Anzahl von Bauten plante und durchführte. Die künstlerische Urheberschaft an seinem Frühwerk – in erster Linie Mietshäuser ohne sonderliche Originalität, die stilistisch noch von den historisierenden Tendenzen der Ringstraßenarchitektur abhängig waren – hat er später nur ungern zugegeben. Seinen Schülern gegenüber tat er sie als ›Jugendsünden‹ ab: ›Das ist überlebt, gilt heutzutage gar nicht mehr. Damals hatte ich die Hoserln noch rückwärts zum Zuknöpfen … Erst nach dem 40. Lebensjahr wird ein Architekt richtig reif.‹ Es kann daher nur im Sinne Wagners sein, diese frühen Bauten nicht näher zu erörtern.

1883/84 baute er die Länderbank, deren konventionelle Fassade zwar noch Zugeständnisse an den Historismus macht, deren konzeptionell klar gegliedertes Inneres aber bereits Ansätze einer zukunftweisenden Architektur aufweist. Selbst wenn Wagner in der Fassadengestaltung noch der Tradition verpflichtet war, so war es bereits damals seine Stärke, sich bei der Gestaltung des Inneren konsequent an den jeweiligen Bedürfnissen zu orientieren. Aber auch ihm wurde bald bewußt, daß die modernen Techniken und Materialien, wie Beton-

51 Otto Wagner

bau und Eisenkonstruktionen, neue, adäquate Ausdrucksformen forderten. Eine solche spezifisch moderne Bauaufgabe erhielt Wagner 1894, als er, der bereits zuvor als künstlerischer Beirat der Kommission für die Wiener Verkehrsanlagen und der Donauregulierung berufen worden war, mit der Gesamtplanung und den Hochbauten für die Wiener Stadtbahn beauftragt wurde. Für den 1894 durch den Tod Karl von Hasenauers vakant gewordenen Lehrstuhl an der Wiener Akademie berief man Otto Wagner. Der nunmehr zum ordentlichen Professor und Leiter der Spezialschule für Architektur avancierte Wagner übernahm auch den ehemaligen Mitarbeiter Hasenauers, Josef Maria Olbrich, und einen Schüler, der noch ein weiteres Jahr zu absolvieren hatte, Josef Hoffmann.

Auf Grund seines Lehramtes fühlte er nun die Verpflichtung, die in der Praxis gesammelten ›Thesen zu fixieren, zu beweisen und zu verteidigen, um dadurch den Lehrzweck zu fördern‹. 1895 erschien sein Buch ›Moderne Architektur‹, das bis 1914 immerhin vier Auflagen hatte – ein in klaren, einfachen Sätzen formuliertes architektonisches Bekenntnis, dessen Postulate heute zwar selbstverständlich scheinen, damals aber Aufsehen erregten. Aus einigen Kapiteln, die so lapidare Überschriften, wie Der Architekt, Der Stil, Die Komposition, Die Konstruktion, Die Kunstpraxis aufweisen, seien hier die Kernsätze zitiert: ›Bedürfnis, Zweck, Konstruktion und Idealismus sind … die Urkeime des künstlerischen Lebens. In einem Begriffe vereint bilden sie eine Art ›Notwendigkeit‹ beim Entstehen und Sein jedes Kunstwerkes, dies der Sinn der Worte ›Artis sola necessitas‹ … So gewaltig aber wird die Umwälzung sein, dass wir kaum von einer Renaissance der Renaissance sprechen werden. Eine völlige Neugeburt, eine Naissance wird aus der Bewegung hervorgehen … Das Einfache, Praktische, beinahe möchte man sagen Militärische unserer Anschauungsweise muss, wenn das entstehende Werk ein getreues Spiegelbild unserer Zeit sein soll, voll und ganz zum Ausdruck gebracht werden … Jede Bauform ist aus der Construction entstanden und successive zur Kunstform geworden.‹ Und schließlich einer der Schlüsselsätze, der im Jahre 1895, als ein Makartbukett immer noch die meisten Wohnungen schmückte, geradezu prophetisch war: ›Etwas Unpraktisches kann nicht schön sein!‹

Die in den Jahren 1898/99 gebauten Häuser an der Wienzeile unterscheiden sich mit ihren kunstgewerblichen Elementen in Form farbiger Majolikafliesen als Fassadenverkleidung grundsätzlich von Wagners früheren Bauten und verweisen in ihrem ›wild sezessionistischen‹ Charakter auf sein gleichzeitiges künstlerisches Engagement in der Wiener Sezession. Der hier abgebildete *Abb. 52* Ofen, der aus einem der Häuser stammt, ist in seinem Ornament deutlich den vegetativen Formen des Jugendstils verpflichtet.

Otto Wagner, der inzwischen eine Fülle von Auszeichnungen und Ehrenposten erhalten hatte, beschäftigte im Jahre 1900 – auf dem Höhepunkt seines Ruhmes – immerhin etwa siebzig Architekten, Baumeister und Zeichner in seinem Büro; allerdings waren es vor dem Ersten Weltkrieg nur noch zehn Angestellte. Diese öffentliche Anerkennung und die Tatsache, daß er als eine Kapazität auf seinem Gebiet galt, bewahrten ihn wohl auch davor, daß ihn der Bannstrahl von Adolf Loos traf, der mit seiner scharfen Kritik selbst einen Josef Hoffman verfolgte, von Otto Wagner aber immer mit höchstem Respekt sprach.

Am 12. Juni 1898, anläßlich der Jubiläumsausstellung in der Rotunde, schrieb Loos in der Neuen Freien Presse: ›Ich bin ein gegner jener richtung, die etwas besonders vorzügliches darin erblickt, daß ein gebäude bis zur kohlenschaufel aus der hand e i n e s architekten hervorgehe. Ich bin der meinung, daß dadurch das gebäude ein sehr langweiliges aussehen erhält. Alles charakteristische geht dabei verloren. Aber vor dem Otto Wagnerschen genius streiche ich die segel. Otto Wagner hat nämlich eine eigenschaft, die ich bisher nur bei eini-

gen wenigen englischen und amerikanischen architekten gefunden habe: er
kann aus seiner architektenhaut heraus- und in eine beliebige handwerkerhaut
hineinschlüpfen. Er macht ein wasserglas – da denkt er wie ein glasbläser, wie
ein glasschleifer. Er macht ein messingbett – er denkt, er fühlt wie ein messing-
arbeiter. Alles übrige, sein ganzes großes architektonisches wissen und können
hat er in der alten haut gelassen. Nur eines nimmt er überallhin mit: seine
künstlerschaft.‹ Wenige Tage später schreibt Loos in einem Artikel über ›Das
Sitzmöbel‹: ›Das Otto Wagner-zimmer ist schön, nicht weil, sondern obgleich
es von einem architekten herrührt. Dieser architekt ist eben sein eigener deko-
rateur gewesen. Für jeden anderen ist dieses zimmer unpassend, weil es seiner
eigenart nicht entspricht; es ist also für einen anderen unvollkommen und daher kann von schönheit nicht mehr die rede sein. Das scheint wohl ein wider-
spruch … Die grundbedingung für einen gegenstand, der auf das prädikat

›schön‹ anspruch erheben will, ist, daß er gegen die zweckmäßigkeit nicht verstößt.‹ Auch hier – wie schon bei Otto Wagner – das Aufbegehren gegen das Unzweckmäßige, das Unpraktische, das so sehr die Interieurs der letzten Jahrzehnte des 19. Jahrhunderts geprägt hatte.

Zu Wagners wichtigsten Bauten, dessen Inneneinrichtung noch weitgehend original erhalten ist, zählt die Postsparkasse, die in zwei Etappen 1904–1906 und 1910–1912 errichtet wurde. Die nur zweijährige Bauzeit war in Anbetracht eines allgemeinen dreimonatigen Bauarbeiterstreiks und der besonderen Fundierungsschwierigkeiten im Stubenviertel ein Rekord, der dank Wagners vereinfachter Baukonstruktion möglich war. Das Gebäude, das sich in seinem Grundriß dem trapezförmigen Grundstück anpaßt, war für 2700 Beschäftigte konzipiert und enthält neben dem großen Kassensaal, der ähnlich einem überdeckten Hofraum das Zentrum der Anlage bildet, Büros und Sitzungsräume.

Abb. 53

Der Eindruck des überdachten Hofes wird noch verstärkt durch die filigrane,

54 Otto Wagner, Sitzungssaal der Postsparkasse, Wien 1905

◀

53 Otto Wagner, Kassensaal der Postsparkasse, Wien 1905

transparente Deckenkonstruktion und die Behandlung der Wand als Mauer-
struktur. Hier hat das Aluminium – wie bereits bei dem Portal des Depeschen-
büros der ›Zeit‹ (1902) –, das für die Köpfe der Fassadennägel, die Eckakroteri-
en, die Warmluftgebläse und die glasüberdachte Schalterhalle verwendet wurde, traditionelle Materialien verdrängt. Ein Zeitgenosse Wagners, Josef August Lux, schreibt über den Bau: ›Keine Reminiszens an historische Stile, keine
Palazzoarchitektur, keine Monumentalität aus der Schatzkammer der Überlie-
ferung – sondern alles Nutzstil. Die Materialfragen treten in den Vordergrund.
Eisenbeton, Glas, Marmor, Aluminium, Hartgummi usw. sind die Elemente
aus denen sich das Werk zusammensetzt … Aus Marmor und Aluminium entsteht die Fassade, das Bauwerk gleicht einer riesigen Geldkiste über und über
mit Nägelköpfen bedeckt … Für den Kassensaal ist ausschlaggebend: die
leichte Auffindbarkeit aller Schalter, die Möglichkeit einer leichten Kontrolle
der frequentiertesten Parteien … Für den Bienenstaat der Bureaux ist wieder

entscheidend die wohlorganisierte Verbindung untereinander... .‹ Basierend auf einem höchst simplen Grundkonzept entstand mit dem Schaltersaal der Postsparkasse ein Raum, der sowohl einladend und offen wirkt, aber dennoch eine gewisse Monumentalität beinhaltet, die aber keinesfalls erdrückend ist. Bereits Kaiser Franz Joseph soll beim Anblick des Kassensaales gesagt haben: ›Merkwürdig, wie gut die Menschen hineinpassen... .‹

Für die Möblierung der Postsparkasse, für deren Gestaltung Wagner ebenso verantwortlich war, nutzte er die Möglichkeiten der Serienproduktion, die das Bugholzverfahren der Firmen Thonet und J. & J. Kohn ermöglichte. Während die Direktionsräume mit ihren schweren Fauteuils noch weitgehend von repräsentativen Aspekten bestimmt sind, wurden die Stühle der Büroräume,

Abb. 54 die Armsessel des Sitzungssaales, die Hocker im Kassensaal und die Aktenablagen aus gebogenem Buchenholz hergestellt. Um den Sitzmöbeln zusätzliche Stabilität und Lebensdauer zu verleihen, erhielten die Armlehnen Aluminiumauflagen und die Stuhlbeine ebensolche Manschetten.

55 Otto Wagner, Schreibtisch, um 1903. Eiche olivschwarz poliert, Handhaben und Beschläge aus Weißmetall, Schlösser J. W. Müller signiert. Ausführung: K. K. Hoftischler J. W. Müller. Stefan Asenbaum, Wien. Entwurf für die österr. Postsparkasse, Wien

56 *Otto Wagner, Tisch, um 1903.*
Eiche poliert. Ausführung: Tischler
Alexander Albert. Stefan Asen-
baum, Wien. Entwurf für die
österr. Postsparkasse, Wien. Lit.:
Erläuterung zur Bauvollendung
des k.k. Postsparkassenamtsgebäu-
des, Wien. Dez. 1906, hrsg. von
Otto Wagner

57 *Otto Wagner, Sessel, um*
1904/06, Variante des sogenannten
›Postsparkassenstuhles‹. Julius
Hummel, Wien

58 *Otto Wagner, Sessel, um 1902.*
Buche, Sitzfläche gepolstert und
mit Stoff bezogen. Ausführung:
Kohn. Julius Hummel, Wien. Lit.:
Vienna, Turn of the Century,
Fischer Fine Art 1979/80, Nr. 93

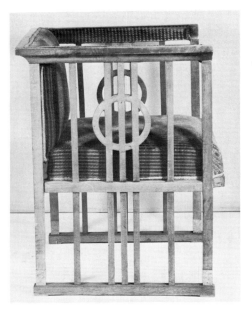

59   *Schule Otto Wagner,
Sessel, um 1900. Ahorn
grün gebeizt und gepolstert.
Julius Hummel, Wien*

Bei der Ausführung dieses Baues – wie auch bei der Kirche Am Steinhof (1905) – assistierten Wagner seine Schüler Otto Schönthal und Marcel Kammerer. Wagnerschüler hatten bereits einen solch legendären Ruf, daß der Chronist der Wiener Sezession, Ludwig Havesi, feststellte: ›Wagnerschüler sind jetzt auch im Ausland so gesucht, daß es nur dem persönlichen Prestige Otto Wagners möglich ist, die jungen Leute, die er ausgebildet hat, auch weiter an sein Atelier und an Wien zu fesseln.‹ Zu seinen Schülern zählten u. a. Josef M. Olbrich, Josef Hoffmann, Marcel Kammerer, Max Fabiani, Emil Hoppe, Jan Kotiera, Otto Schönthal, Leopold Bauer und Oskar Felgel.
Auf den engen Kontakt und die gegenseitige künstlerische Beeinflussung von Wagner und seinen Schülern wies auch Ludwig Abels in einem Artikel über die ›Wiener Moderne‹ (Die Kunst 4, 1901) hin: ›Es gibt kaum eine Kunstschule, in der Meister und Jünger in so innigem Kontakt stehen, wie in der ›Wagnerschule‹. Aus der großen Zahl der Studenten, welche sich zu ihm drängen, wählt er jährlich nur eine kleine Anzahl von sechs bis acht, in denen er den Funken des Genius zu erkennen meint, auf die er einzuwirken erhoffen darf. Aber andererseits hat auch selten ein Meister so viel von seinen Schülern empfangen als Wagner. Ihr Denken und ihre Arbeit verwächst mit der seinen und wenn Olbrich und Hoffmann, Plecnik und Bauer aus seiner Lehre den Keim zur Grösse gezogen haben, so ist dafür manche wichtige Anregung, manches schöne Detail in den Stadtbahnhöfen, dem Kirchenbau, der Zinshausfaçade von den ge-

60 Otto Wagner (zugeschrieben), Tisch, um 1900. Buche, mahagonigebeizt und poliert, Füße mit Messingbändern. Ausführung: Thonet. Galerie H. u. W. Karolinsky, Wien. Lit.: Kat. Geb. Hole, 1979, S. 53

nannten jungen Künstlern ausgegangen.‹

Zu den letzten Bauten Wagners zählten neben zwei Mietshäusern in der Neustiftgasse – Ecke Döblerstraße (1909–12), in denen Wagners Wohnung und Atelier, das Atelier Hoffmanns und ein Teil der Wiener Werkstätte untergebracht waren, auch die Lupusheilstätte (1910–13). Dieses Spätwerk zeichnet eine strenge Tektonik aus, die Formen reduzieren sich auf einfache, glatt verputzte Kuben, die durch wenige Glasplatten unterbrochen werden. Auch hier muß einmal mehr auf die archetypischen Bezüge dieser Architektur auf die gestalterischen Prinzipien des Bauhauses und eines Mies van der Rohe verwiesen werden. Zwar wurde Otto Wagner 1912 als 70jähriger mit der gleichzeitigen Verleihung des Hofrattitels in den Ruhestand versetzt, der aber vorläufig unwirksam blieb, da man sich über den Nachfolger nicht einigen konnte. Die schließlich mit Leopold Bauer getroffene Wahl – einem Wagner-Schüler, der in der Literatur als Opportunist beschrieben wird – kann nicht gücklich genannt werden, da er bereits bei Amtsantritt von den Studenten am Betreten der Akademie gehindert wurde.

Mit Beginn des Ersten Weltkrieges hatte sich auch das Büro Wagners sehr reduziert, es fehlte an Hilfskräften, an Zeichnern und sicherlich auch an Aufträgen. Er hatte daher 1917 den Plan, sich mit Kammerer zu assoziieren, doch lehnte dieser überraschenderweise eine ›Companieschaft‹ ab.

Am 11. April 1918 – im selben Jahr wie Gustav Klimt und Koloman Moser –

stirbt Otto Wagner, der bereits durch die Entbehrungen des Krieges seit einiger Zeit kränklich gewesen war.

Wagner gilt sowohl als Pionier der Moderne als auch als letzter großer Architekt des 19. Jahrhunderts. Sein Werk stellt eine Synthese zwischen dem monumentalen Stil der Ringstraße und der neuen Ära des Funktionalismus dar. Gerade weil er immer als ›Vater der Wiener Moderne‹ apostrophiert wird, seien hier die von ihm 1914 in ›Die Baukunst unserer Zeit‹ publizierten, wichtigsten architektonischen Prinzipien zitiert:

›I. Peinlich genaues Erfassen und vollkommenes Erfüllen des Zweckes (bis zum kleinsten Detail).

II. Glückliche Wahl des Ausführungsmaterials (also leicht erhältlich, gut bearbeitungsfähig, dauerhaft, ökonomisch).

III. Einfache und ökonomische Konstruktion und erst nach Erwägung dieser drei Hauptpunkte

IV. die aus diesen Prämissen entstehende Form (sie fließt von selbst aus der Feder und wird immer leicht verständlich).

Nach diesem ›Rezepte‹ entstehende Kunstwerke, werden immer im Stile der Kunst unserer Zeit sein.‹

61   Otto Wagner, Sitzgruppe, vor 1903. Buche braun gebeizt und gewachst, Sitzfläche mit Stoff bezogen; Fußmanschetten, Querstangen und Nieten aus Messing. Ausführung: J. & J. Kohn. Stefan Asenbaum, Wien. Lit.: Das Interieur IV, 1903

62   _Adolf Loos_

Adolf Loos

Zwar scheint es zunächst absurd, im Rahmen eines Buches über Möbel gerade einem Mann wie Adolf Loos, der zeit seines Lebens vehement dafür eintrat, daß die Möbelherstellung Sache des Tischlers und nicht des Architekten sei – ein Prinzip, das er selbst weitgehend eingehalten hat – ein Kapitel zu widmen. Dennoch spielt er für die Entwicklung des modernen Möbels eine wichtige Rolle, die weniger auf den von ihm entworfenen Möbeln basiert als auf seiner Rolle als Kunsttheoretiker und engagierter Verfechter der Ornamentlosigkeit. Adolf Loos wurde am 10. Dezember 1870 in Brünn als Sohn eines Steinmetzen und Bildhauers geboren. Bereits mit zwölf Jahren wurde er schwerhörig, eine Krankheit, die ihn gegen Ende seines Lebens praktisch völlig taub werden ließ. Nach dem Besuch des Gymnasiums studierte er an der K. K. Staatsgewerbe-schule, Bautechnische Abteilung, in Reichenberg (Böhmen) und setzte in den Jahren 1890–93 sein Studium an der Technischen Hochschule in Dresden fort. Ein dreijähriger Aufenthalt 1893–96 in den Vereinigten Staaten, wo er u. a. in Philadelphia, auf der Weltausstellung in Chicago 1893, in New York und St. Louis war, beeinflußte seine Entwicklung nachhaltig. 1896 kommt Loos nach Wien, um dort seinen Beruf als Architekt auszuüben. 1897 beginnt er mit seiner publizistischen Tätigkeit, in erster Linie in der ›Neuen Freien Presse‹.

Ein Jahr später veröffentlicht er in der Sezessionszeitung ›Ver Sacrum‹ den Artikel ›Die Potemkinsche Stadt‹, in dem er eine Baukunst verficht, die den Erfordernissen des modernen Lebens gerecht wird. Die Tatsache, daß Loos auch dem modernen Kunstgewerbe eine Absage erteilt, führte zwangsläufig zum Bruch mit den Architekten der Sezession.

Zu seinen frühesten Einrichtungen zählt das Herrenmodengeschäft Goldmann & Salatsch (1898), in dem die zeitgenössische Kritik wegen seiner glatten, spiegelnden Flächen, knappen Formen und blankem Metall eine ›englische Eleganz‹ dieses so ›tadellos fashionablen Raumes‹ zu erkennen glaubte. Hier wurden aber nur die für die spätere Architektur so selbstverständlichen Prämissen wie sachliche Bauformen und optimale Raumnutzung vorweggenommen.

Abb. 63   Im folgenden Jahr übernimmt Loos den Innenausbau des Café Museum, dessen klare, funktionale Formgebung und sachgerechte Nutzung der Materialien im bewußten Gegensatz zum sezessionistischen Spiel von Kurven und Zierrat steht. Loos revoltierte damit gegen die Revoltierenden. Ludwig Münz nannte das Café Museum ›das früheste Beispiel für sachliche, klare, ornamentlose Innenraumgestaltung‹. An der Schnittstelle des L-förmigen Grundrisses steht das ebenfalls L-förmige Pult des Kassierers, an den Tischen sind die von Loos ent-

◄

63 Adolf Loos, Café Museum, Wien 1899

64 Tisch für das Café Museum, vor 1899. Buche mahagonigebeizt und poliert, Platte aus weißem Marmor, Fußgestell mit Messing beschlagen. Ausführung: Thonet. Stefan Asenbaum, Wien

worfenen Thonet-Stühle, die statt einer kreisrunden gebogenen Rückenlehne eine mit einem elliptischen Schnitt haben, was den Stuhl bei gleicher Stabilität leichter macht. Die Tische hatten zum Aufstützen der Füße zusätzliche Ringe, und die Billardtische weisen nicht die üblichen gedrechselten Füße auf, sondern stehen auf prismatischen Stützen, die in Messingschuhen stecken, damit man sie leichter verschieben konnte. Allerdings weist Graham Dry in dem Reprint des Kohn-Kataloges darauf hin, daß es sich bei diesem Tisch nicht um einen eigenen Entwurf handelt, sondern daß er Bestandteil der normalen, anonymen Produktion war und bereits vor 1884 im Programm der Firma Thonet gewesen sei.

Abb. 64

Schon für die Zeitgenossen muß diese Einrichtung so bemerkenswert gewesen sein, daß Ludwig Havesi am 30. Mai 1899 im Fremden-Blatt schrieb: ›Als aufrichtiger Nichtsezessionist gibt sich Adolf Loos in seinem ›Café Museum‹. Nicht als Feind der Wiener Sezession, aber als etwas anderes, denn modern sind schließlich beide … Loos kommt von Amerika und hat dies in einer Reihe von kunstgewerblichen Aufsätzen spitzig und schneidig genug bekundet … Von jetzt an ist Loos geborgen, denn er hat die Sache gut gemacht. Etwas nihilistisch zwar, sehr nihilistisch aber appetitlich, logisch, praktisch. Und ungewohnt, was auch ein Verdienst ist. Man glaubt gar nicht, wie schwer es ist, un-

65   *Adolf Loos,*
Tischuhr, um 1900.
Messing, geschliffenes
Glas. Stefan Asen-
baum, Wien

gewohnt zu sein und doch einleuchtend zu bleiben ... Wie weit Loos Künstler ist, ja ob er es überhaupt ist, muß erst die Zukunft erweisen. In diesem Erstlingswerk geht er allem, was Kunst heißt, in weitem Bogen aus dem Wege. Er will den reinen Gebrauchsgegenstand machen. Schön ist ihm, was handlich ist ....‹

Abb. 1   Auch mit einem weiteren Lokal, der auf einer Grundfläche von nur 3,50 m × 7 m errichteten Kärtner Bar – die nahezu unverändert erhalten ist und im Volksmund auch Loosbar heißt –, erregte er Aufsehen. Auf Grund der Winzigkeit der Fläche bevorzugte er Materialien, die den Raum optisch vergrößerten, wie Spiegel, die zwischen den Mahagonipfeilern angebracht sind, dazu Marmor für die Kassettendecke, Onyxplatten an der Eingangswand, schwarz-weißer Fliesenboden, Messing für Schuhe und Rahmen der Tische und für die Tischplatten stark mattiertes Glas. Durch zahlreiche Spiegelungen verlieren sich die Dimensionen der Wände, der Raum erlebt eine ungeheure Erweiterung, und der Besucher wird Zeuge einer Inszenierung kostbarer, durch sich selbst wirkender Materialien.

Loos legte nachdrücklichen Wert auf Materialechtheit, gegen die die Sezessionisten seiner Meinung nach wegen ihrer dekorativen Formen, die die Funktion

66/67 *Adolf Loos, Stuhl, um
1903. Eiche poliert, Sitz und Rük-
kenlehne erbsengrüner Kordsamt,
Fußmanschetten mit Metall vernik-
kelt. Ausführung: Friedrich Otto
Schmidt. Stefan Asenbaum, Wien*

und Konstruktion leugnen, verstoßen würden: ›Ein jedes material hat seine eigene formensprache und keines kann die formen eines anderen materials für
sich in anspruch nehmen. Denn die formen haben sich aus der verwendbarkeit
und herstellungsweise eines jeden materials gebildet, sie sind mit dem material
und durch das material geworden.‹ Dieses tiefe Verständnis für Materialien re-
sultiert vielleicht daher, daß sein Vater Bildhauer und Steinmetz war und er
somit von Kind auf den Umgang mit dem Material erlebt hat, was zu einem besonders ausgeprägten Verständnis für dessen Schönheit führte.
Zu seinen theoretischen Grundsätzen gehörte die absolute Priorität der Funktion, eine Forderung, die nicht zuletzt durch seine Erfahrungen in Amerika
und Sullivans berühmtes Postulat ›form follows function‹ beeinflußt worden
ist. Es spricht viel dafür, daß Loos den 1892 erschienenen Aufsatz von Louis

68   Adolf Loos,
Schrank, 1900.
Ahorn massiv,
Beschläge und
Sockelband aus
Messing. Stefan
Asenbaum,
Wien
Der Schrank
und der Raumtei-
ler Abb. 69 wur-
den von Loos
für die Wohnung
Turnowsky ent-
worfen. Lit.:
Loos Archiv,
Albertina, Wien

H. Sullivan ›Ornament in Architecture‹ kannte, in dem es unter anderem heißt: ›Ich halte es für einleuchtend, daß ein Gebäude ohne jegliche Verzierung allein auf Grund seiner Masse und Proportion ein Gefühl der Erhabenheit und Würde vermitteln kann. Nicht einleuchtend erscheint mir, daß die Verzierung wesentlich zur Steigerung dieser elementaren Werte beitragen solle. Warum also verwenden wir das Ornament? ... Wenn ich diese Frage in aller Aufrichtigkeit beantworten soll, dann möchte ich sagen, daß es vom ästhetischen Standpunkt aus uns nur zum besten gereichen könnte, wenn wir für eine Zeitlang das Ornament beiseite ließen und uns ganz und gar auf die Errichtung von in ihrer Nüchternheit schöngeformten und anmutigen Bauwerke konzentrieren.‹

So war auch der Kampf von Loos gegen das Ornament in erster Linie ein Kampf gegen vergeudete Arbeitszeit. Die Notwendigkeit des Weglassens von

69 *Adolf Loos, Raumteiler,
1900. Mahagoni furniert,
Messingbeschlag. Stefan
Asenbaum, Wien*

Schmuckelementen begründete er weniger ästhetisch als ökonomisch. Der
Bannstrahl seiner Kritik traf also folgerichtig nicht nur das historisierende Ornament, sondern auch das Jugendstilornament und seine prominenten Vertreter, wie van de Velde und seine Wiener Kollegen Olbrich und Hoffmann. Auch
Institutionen wie die Wiener Werkstätte und der Deutsche Werkbund fanden
vor seinen Augen keine Gnade. Nur Otto Wagner war, wie bereits erwähnt,
nachdrücklich von dieser Kritik ausgenommen. 1898 schreibt Loos über ›Das
Sitzmöbel‹: ›Unter schönheit verstehen wir die höchste vollkommenheit. Vollständig ausgeschlossen ist daher, daß etwas unpraktisches schön sein kann.‹
Eine solche Priorität des praktischen vor dem ästhetischen Aspekt hatte bereits
drei Jahre zuvor Otto Wagner in seinem Buch ›Moderne Architektur‹ aufgestellt. Loos allerdings beruft sich nicht auf ihn, sondern zitiert Alberti, den
Kunsttheoretiker des Cinquecento: ›Ein Gegenstand, der so vollkommen ist,
daß man ihm, ohne ihn zu benachteiligen, weder etwas wegnehmen noch zu-
geben darf, ist schön. Dann eignet ihm die vollkommenste, die abgeschlossen-
ste harmonie.‹
Auch auf dem Gebiet der Rechtschreibung ist Loos kompromißlos und
schreibt konsequent alle Hauptwörter klein, um so einen Internationalismus
zu dokumentieren, indem er die englische Schreibweise auf die deutsche über-
trägt.

Die Möbel von Hoffmann fanden vor seinen kritischen Augen ebenfalls keine Gnade: ›Gewiß, Hoffmann hat die laubsägearbeit seit dem Café Museum aufgegeben und hat sich, was die konstruktion anlangt, meiner art genähert. Aber heute noch glaubt er, mit merkwürdigen beizen, mit aufpatronierten und eingelegten ornamenten seine möbel verschönern zu können. Der moderne mensch jedoch hält ein untätowiertes antlitz für schöner als ein tätowiertes, und wenn die tätowierung von Michelangelo selbst herrühren sollte und mit dem nachtkästchen hält er es ebenso.‹ Für die Herstellung von Möbeln war seiner Meinung nach der Tischler und nicht der Architekt zuständig. Er kritisiert, daß bei uns noch die Ansicht vorherrsche, für den Entwurf eines Stuhles bräuchte man Kenntnisse über die fünf Säulenordnungen. Er glaubte dagegen, daß man in erster Linie etwas vom Sitzen verstehen müsse. Ein solch perfekter Stuhl war für ihn der Chippendale-Sessel. Den Tod seines Tischlers Josef Veilich – der alle seine Speisezimmersessel hergestellt hatte – nahm er zum Anlaß, das Entwerfen neuer Sessel als ›vollständige überflüssige narretei, verbunden mit zeitverlust und aufwand‹ zu kritisieren. ›Der Chippendale-sessel ist so vollkommen, daß er in jeden raum der nach Chippendale entstanden ist, also auch in jeden raum von heute hineinpaßt.‹ Diese Zitate beweisen, daß Loos ein starkes Traditionsbewußtsein besaß, er war nicht Neuerer im Sinne einer Innovationssucht, sondern hielt an einmal gefundenen, für ihn gültigen Formen fest. Er sah die Funktion des Architekten auch nicht darin, Möbel zu entwerfen, sondern ›er hat häuser zu bauen in denen alle möbel, die nicht mobil sind, in den wänden verschwinden ... wären die architekten immer moderne menschen gewesen, so wären alle häuser schon mit wandschränken versehen ... Das messingbett, das eisenbett, tisch und stühle, polstersessel und gelegenheitssitze, schreibtisch und rauchtischchen – alles dinge, die von unseren handwerkern (nie von architekten!) modern erzeugt werden – möge sich jeder nach wunsch, geschmack und neigung selbst besorgen.‹

Abb. 70 Zu den wenigen Möbeln, die nach seinen Vorstellungen gefertigt wurden, zählt ein Hocker, den er in vielen der von ihm errichteten Häuser verwendet hat: Villa Karma bei Montreux (1904/06), Haus Steiner, Wien (1910), Haus Rufer, Wien (1922), Haus Strasser, Wien (umgeb. 1919), Wohnung Leo Brummel, Pilsen (1930). Über fast dreißig Jahre hinweg verwendete er also dasselbe Möbel und beweist damit, daß gültige Formen keiner Mode unterworfen sind. Die Form dieses Hockers geht im Prinzip auf das ägyptische Vorbild des Dreifußes zurück und wurde von Liberty in Serie hergestellt. Loos ließ diesen Entwurf nun mit leichten Variationen von seinem Tischler Veilich nachbauen und verwendete ihn in seinen Wohnungseinrichtungen. Dasselbe Prinzip hatte er bereits bei der Möblierung des Café Museum angewendet, als er nicht selbst die Tische entwarf, sondern einen verwendete, der bereits zur anonymen Produktion gehörte und dessen Form für ihn nicht verbessert werden konnte. Einer

70 *Adolf Loos, Hocker, vor 1900.*
Eiche. Ausführung: Josef Veilich.
Stefan Asenbaum, Wien. Dieser
Hocker geht auf das ägyptische
Vorbild des Dreifußes zurück und
wurde von Liberty in Serie herge-
stellt. Loos ließ diesen Entwurf
in geringer Abwandlung von seinem
Tischler Veilich nachbauen und
verwendete ihn in mehreren Woh-
nungseinrichtungen. Der Hocker
existiert auch mit der Variante
eines Sattelsitzes. Lit.: Münz/Künst-
ler, Der Architekt Adolf Loos,
1964 München/Wien, S. 67, 70,
84, 127

der wenigen Stühle, die vor seinen Augen Gnade fanden, war der Thonet-Sessel: ›Ist er … nicht aus demselben geiste heraus geboren, aus dem der griechische stuhl mit den gebogenen füßen und der rückenlehne entstanden ist …? Die nachfolge des holzsessels wird der thonetsessel antreten, den ich schon vor ein-unddreißig jahren als den einzigen modernen sessel bezeichnet habe. Jeanneret (Le Corbusier) hat das auch eingesehen und in seinen bauten propagiert; allerdings leider ein falsches modell.‹

1908 verfaßte Adolf Loos seinen wohl aufsehenerregendsten Artikel ›Ornament und Verbrechen‹, in dem er die Abschaffung des Ornamentes fordert. Für ihn hatte die Abschaffung des Ornaments eine soziale Komponente, denn er wollte so den sozialen Auftrag der Architektur retten und den Menschen von überflüssiger Arbeit befreien. Er vertrat die Überzeugung, daß eine hochentwickelte Leistungsgesellschaft – wie er sie in Amerika glaubte vorgefunden zu haben – auf das Ornament verzichten müsse, um durch diese Rationalisierung eine Verkürzung der Arbeitszeit zu erreichen. Die so frei gewordenen Energien könnten sinnvoller für das individuelle Glück des einzelnen verwendet werden. Es wäre also im Sinne des allgemeinen sozialen Fortschrittes, wenn auf das Ornamentierende, Überflüssige verzichtet wird. Ornament ist für ihn

71   Adolf Loos, Tisch (ausziehbar), um 1903. Eiche poliert, Handhaben und Fußmanschetten in Metall vernickelt. Ausführung: Firma Friedrich Otto Schmidt. Stefan Asenbaum, Wien

Synonym für das Überflüssige, oder wie er es nennt: ›Ich habe folgende erkenntnis gefunden und der welt geschenkt: evolution der kultur ist gleichbedeutend mit dem entfernen des ornamentes aus dem gebrauchsgegenstande … Das fehlen des ornamentes hat eine verkürzung der arbeitszeit und eine erhöhung des lohnes zur folge … ornament ist vergeudete arbeitskraft und dadurch vergeudete gesundheit.‹ Aber auch für den Käufer wären ornamentlose Gegenstände von Vorteil, weil sie weniger der Mode oder einem Stil unterworfen wären: ›Wenn alle gegenstände ästhetisch so lange halten würden, wie sie es physisch tun, könnte der konsument einen preis dafür entrichten, der es dem arbeiter ermöglichen würde, mehr geld zu verdienen und weniger lang arbeiten zu müssen.‹ Schließlich gipfelt der Artikel in der Erkenntnis: ›Ornamentlosigkeit ist ein zeichen geistiger kraft.‹ Selbst das geometrische Ornament, das Josef Hoffmann und Kolo Moser bevorzugen, akzeptierte er nicht. Er sah darin den Triumph des graphischen Charakters, für ihn ging die ›Quadratseuche‹ um. Loos geht in seinen Schriften auch auf seine Lehrtätigkeit und das Schicksal seiner ›Bauschule‹ ein. Von einigen Wagner-Schülern animiert, für die verwaiste Lehrkanzlei von Otto Wagner zu kandidieren, war er zwar von der Erfolglosigkeit einer solchen Bewerbung überzeugt, dennoch gab es ihm Vertrauen, eine eigene Schule zu gründen. So entstand 1912 die Adolf-Loos-Bauschule, die im Schwarzwaldschen Lehrinstitut untergebracht war und allerdings bereits 1914, infolge Kriegsausbruches, ihre Tätigkeit wieder einstellen mußte. Das Studium beschränkte sich auf drei Fächer: ›das bauen von innen nach außen, kunstgeschichte und materialkunde‹. Nachdem ein Wiener Hochschulprofessor seinen Studenten untersagt hatte, diese Vorlesungen zu besuchen, schrieb Loos: ›Ich bin ihm dafür dank schuldig. Die charaktervollen blieben, und von den anderen hat er mich befreit. Ordentliche hörer hatte ich nur drei.‹ Loos legte größten Wert darauf, daß ein Haus von innen nach außen gestaltet werde. Fußboden und Decke waren das Primäre, die Fassade das Sekundäre. Daneben legte er Wert auf genaue Achsenteilung und die richtige Möblierung. ›Auf diese weise brachte ich meine schüler dazu, dreidimensional, im kubus zu denken.‹

Dieses dreidimensionale Denken und ein ornamentaler Purismus prägten auch seine weiteren Bauten, zu deren berühmtesten das viel diskutierte und so heftig angefeindete Haus am Michaelerplatz (1910/11) zählt, an dessen schmucklos asketischer Fassade sich sein architektonisches Vermächtnis ablesen läßt. Daneben seien noch folgende wichtige Bauten genannt: das Haus Steiner in Wien (1910), das Haus Scheu (1912) – das erste Terrassenhaus in Europa –, das Geschäft Knize am Graben (1913), Haus Rufer (1922), Haus Moller (1928) und nicht zuletzt 1926/27 das Haus von Tristan Tzara, einem Mitbegründer des Dadaismus.

All diese Bauten zeichnet das Prinzip der reinen Baumaterialien, zweckgebundene Formen und klare Tektonik als Ausdruck unerbittlichen Strebens nach Einfachheit aus. Dasselbe gilt auch für seine Innenräume. Eine Zweckmäßigkeit, die nicht doktrinär ist, sondern sich an den Bedürfnissen des Lebens orientiert. Die Proportionen und das Ineinanderfügen der verschiedenen Raumkörper sind ausgewogen und harmonisch. Loos entwickelte den sogenannten ›Raumplan‹, in dem es darum ging, unterschiedliche Niveaus oder sichtbar gemachte Raumkanten voneinander differenzierender Räume so ineinanderzufügen, daß eine optimale Einheit entsteht. Die Möbel, die er von Handwerkern nach seinen Vorstellungen, nicht aber nach exakten Entwürfen anfertigen ließ, ordnen sich immer dieser Gesamtkonzeption unter.

1931 kam es zum Ausbruch eines schweren Nervenleidens, das ihn von 1932 an arbeitsunfähig machte. Adolf Loos starb am 23. August 1933. Für seinen Grabstein wünschte er sich die Inschrift: ›Adolf Loos, der die Menschheit von überflüssiger Arbeit befreite.‹

Josef Hoffmann

Demselben Jahrgang wie Adolf Loos gehörte auch Josef Hoffmann an, der am 15. Dezember 1870 in Pirnitz (Mähren) geboren wurde und am 7. Mai 1956 in Wien starb. Er studierte an der Wiener Akademie bei Otto Wagner und Karl von Hasenauer Architektur und errang 1895 mit seiner Abschlußarbeit den Rompreis. Rom galt offensichtlich immer noch als das Mekka der Künstler, wohin es zu pilgern galt, um die Monumentalbauten der Antike und der Renaissance zu studieren. Doch für Hoffmann erwies sich eine ganz andere Architektur als stilprägend: die einfachen, kubischen, weißgetünchten Bauten mit ihren großen ungebrochenen Wandflächen und den unregelmäßig angeordneten Wandöffnungen der italienischen Landhäuser.

Zu den frühesten Einrichtungen Hoffmanns zählt die des Hauses auf der Bergerhöhe, das er im Jahre 1899 für den Direktor eines Stahlwerkes in der Nähe von Höhenberg (Niederösterreich) auf der Basis eines alten Bauernhauses errichtete. Dieses eher bescheidene Haus ist dadurch interessant, daß es vor 1900 – also bevor Charles Rennie Mackintosh in der Wiener Sezession ausstellte, was für Hoffmann eine Signalwirkung hatte – entstanden ist. Diese Einrichtung unterscheidet sich in ihren rustikalen Eichenmöbeln und der Vertäfelung aus grün gebeizter Fichte auch deutlich von seinen späteren Entwürfen. Sie steht dem Jugendstil in der Ausprägung eines Richard Riemerschmid sicherlich näher als dem ästhetischen Raffinement des Schotten.

Adolf Loos, der sich später ihm gegenüber zunehmend kritisch äußerte, sieht 1898 in Hoffmann aber noch einen Künstler, ›der mit Hilfe seiner überquellenden Phantasie alten Traditionen, und auch ich muß gestehen, daß es sehr viel Ölgötzen darunter gibt, erfolgreich auf den Leib rückt‹. Weiter nennt er seine Architektur ›Musterbeispiele‹ für eine ›moderne Lösung der Wiener Materialfrage. Die Sucht Steinquader zu imitieren, ist hier völlig aufgegeben und der Mörtel bedeckt nach dem Prinzipe der Verkleidung die Fläche ohne Fugenunterbrechung.‹ Hoffmann selbst publiziert 1901 eine programmatische Schrift

73   Josef Hoffmann, Atelier des Malers Kurzweil, vor 1900. Rot gebeiztes Holz. Ausführung: A. Pospischl. Lit.: Das Interieur I, 1900, S. 137

*74   Josef Hoff-
mann, Sessel,
um 1901. Buche
mahagonigebeizt
und poliert,
Beschläge und
Nieten aus Alu-
minium. Ausfüh-
rung: Kohn.
Julius Hummel,
Wien. Lit.:
Ver Sacrum,
Wien 1902,
Abb. S. 322;
Kat. Geboge-
nes Holz, S. 44*

mit dem Titel ›Einfache Möbel‹ (Das Interieur II), in der er die Maskierung, das Kopieren überkommener Formen scharf zurückweist und eine Ehrlichkeit gegenüber Material und Funktion fordert: ›Ich meine, dass man vor allem den jeweiligen Zweck und das Material berücksichtigen sollte. Der Sinn für gute Verhältnisse und der angeborene Takt bei der Wahl der Mittel werden von selbst den Wert ausmachen … Man nimmt nicht Rücksicht auf die gerade Faserung des Holzes und macht Curven über Curven, die sich bei Möbeln selten mit den nötigen geraden Flächen verbinden lassen, und vergisst, dass man für jeden gebogenen Constructionsteil in den Wald gehen müsste, um den richtig gekrümmten Ast zu suchen, wie der Bauer, der seinen Pflug oder Schlitten baut. Etwas anderes ist es natürlich mit dem sogenannten gebogenem Holz, bei dem ja tatsächlich die Faser künstlich gebogen wird und die Curve dadurch be-

75 Josef Hoff-mann (zuge-schrieben), Tisch, um 1903. Eiche mit Messingku-geln und -beschlägen. Julius Hummel, Wien. Lit.: Kata-log Josef Hoff-mann, Fischer Fine Art, 1977, Nr. 5

rechtigt ist.‹ Er rügt auch das permanente Ausstellungswesen, das an dem stän-digen Stilwechsel schuld sei, ›weil man angefangen hat Dinge in sein Haus zu nehmen, die für tausend Blicke bestimmt waren‹. Die Konzeption des Ge-samtkunstwerkes wird auch bereits von ihm vertreten: ›Ich glaube, dass ein Haus wie aus einem Guss dastehen sollte und dass uns sein Äusseres auch schon sein Inneres verraten müsste. Wohl gebe ich eine Steigerung der Mittel zu, flehe aber um die Einheitlichkeit der Räume untereinander. Ebenso not-wendig ist der Stil jedes einzelnen Möbels. Ich meine, dass dasselbe ein Princip durchklingen lassen muss, dass man wohl unterscheidet zwischen einem Bret-tel- einem Pfeiler, einem Koffermöbel. Lediglich solche und viele andere Emp-findungen – wie etwa auch die Bemalung und das Beizen, letzteres nur in Tö-nen, welche kein anderes Holz imitieren, ersteres wo eine andere Färbung ausgeschlossen ist, z. B. das reine Weiß – haben ihre Berechtigung. Zu erwägen wäre wohl auch der Umstand, dass es sich oft von selbst ergeben hat, die Möbel, die mit der Wand in Verbindung sind, anders zu färben als die freistehenden. Bei Intarsienmöbeln ist es wohl nicht das richtige, die Füllungen allein zu intarsieren, ich glaube, dass da gerade die constructiven Teile ein richtiges Ornament erhalten müssten.‹ Man solle auch keine Gegenstände entwerfen, deren Legitimation ausschließlich in der künstlerischen Handarbeit läge. Hoffmann schlägt auch ein – später bei der Wiener Werkstätte ähnlich praktiziertes – Prinzip des Signierens vor. Man solle endlich erwägen, ›auch bei uns dem Arbeiter Anteil an Gewinn und Namen zu sichern. Über das unbedingt nötige Signiren ist an dieser Stelle schon gesprochen worden.‹

Der Artikel endet mit einem künstlerischen Bekenntnis: ›Ohne dem großen Genie, das einst wieder alle unsere Erfahrungen umstoßen wird, vorzugreifen, sollten wir in allem der Prunksucht aus dem Wege gehen und immerzu nach besserem Material und vollendeter Ausführung trachten, da ja auch unser Leben, sofern es ernst zu nehmen ist, durch Einfachheit, Ehrlichkeit und Gediegenheit seine Würde erhält.‹

Diese Grundsätze lassen sich in den kurz danach, in den Jahren 1902–03, entstandenen Häusern für seine Künstlerkollegen Koloman Moser und Carl Moll

Abb. 26
Abb. 27

sowie dem Haus Dr. Spitzer bezüglich ihrer praktischen Anwendung verifizieren. Die Vorliebe für gerade, kubische Formen ist, wie es der hier abgebildete Sessel beweist, deutlich sichtbar, ebenso ein Ornament, das sich nun definitiv von dem vegetativen Formenkanon abwendet, um ausschließlich geometrische Motive zu verwenden. Auch für die Zeitgenossen muß die stilistische Wende, wie sie in diesen Einrichtungen zum Ausdruck kommt, spektakulär gewesen sein, denn Berta Zuckerkandl illustrierte mit Abbildungen der Villa Dr. Spitzer ihren Artikel über Josef Hoffmann in der Zeitschrift ›Dekorative Kunst‹ (1903). Für Hoffmann sei nun die Konstruktion zum ›innersten Schaffensprinzip‹ geworden, ›er hat sich zu dem Bewußtsein durchgerungen, daß ein Stil nur durch das Erkennen der psychischen und physischen Zeit-Bedürfnisse, durch die Übersetzung dieser Erkenntnisse in logisch gestaltete, den Zweck möglichst rein und stark betonende Formen herausgebildet werden kann … Der Künstler sucht nun zunächst seinen architektonischen, sowie seinen Gebrauchs- und Möbelformen dieselbe Vollendung der Materialbehandlung, dieselbe unerschütterliche Logik der Struktur, dieselbe Selbstverständlichkeit und dieselbe Phrasenlosigkeit angedeihen zu lassen. Er wird in seinen Gestaltungen herb und schmucklos. Es ist als wollte er die Anatomie der Dinge in unerschütterlicher Wahrheit voll und ganz zum Ausdruck bringen.‹

Auch sie weist auf die Stiltradition des Biedermeier hin, denn diese ›so wohlig einfachen, so liebenswürdig schmucklosen, nur durch gesunde Formennatürlichkeit ausgezeichneten Möbel und Gebrauchsgegenstände‹ gehörten ›zu dem

schönsten Besitzstand unserer Kultur ... Hier ist der Traditionseinschlag, wel-
chen sowohl Josef Hoffmann, als Kolo Moser auf sich wirken ließen, um ihren
Werken die nationale Färbung zu erhalten. Nimmermehr darf man von einer
direkten Anlehnung – an eine Nachempfindung des Biedermeierstils glauben.
Es ist vielmehr ein Wiederanknüpfen an heimatliche Uebung, ein Fortgestalten
im Sinn des 20. Jahrhunderts. Dazu tritt das individuelle Moment, das alle
Konstruktions- und Zwecklosigkeit siegreich durchdringende Temperament.‹
Die Cottagehäuser Moser, Moll und Dr. Spitzer sind für sie ›Wohnstätten‹ für   *Abb. 15*
›Menschen, mit denen er gleiche Anschauungen teilte, mit welchen er in regster
geistiger Relation stand. Er hatte sich mit seiner Anschauung nicht durchzu-
kämpfen – sondern er fand in seinen Auftraggebern eifrige und verständige
Helfer.‹ Neben den in der Regel weniger bemittelten Künstlerfreunden gab es
ja auch die vermögende gesellschaftliche Schicht, die es offensichtlich schick
fand, sich von den jungen unkonventionellen Architekten einrichten zu lassen.
So entstanden Häuser, die sich durch schlichte Formen, ausgewählte Materialien und raffinierte Farbkombinationen auszeichneten. ›Streng konstruktiv ist
die architektonische Formung durchgeführt. Die äußere Erscheinung jedes
Baues ist aus dem Grundriß stramm herausgewachsen.‹ Ein solches Ensemble
zeichne die ›keusche Vermeidung jedes Pathos‹ aus, ›die energische Betonung
der Inneneinrichtung‹ dokumentiere klar und deutlich ›das Wesen des wahren
Zeitstils‹.
Das naturalistische und symbolistische Ornament trete inzwischen völlig in
den Hintergrund, und als Wandschablonierung oder als Unterstreichung konstruktiver Hauptpunkte verwende er nun das geometrische, aus einfachen
Punkten, Kreisen, Vierecken konstruierte Ornament. Die bevorzugte Farbe
ist Weiß, und auch Kamine bestehen aus ›einfach gemauerten roh verputztem
Bau, dessen Fläche durch einige Kachel- oder Glasfluß-Flecke flächig belebt
wird. Eine schwarze Marmordecke übt eine pikant kontrastierende Wirkung.‹
Die Farbtönungen der Räume erinnern in ihrer subtilen und oft so überra-
schenden Harmonie an die Japaner. Bei den Möbeln sei der strenge, die gerade
Linie wählende, ganz einfache, aber raffiniert zweckmäßige Aufbau durchgän-
gig vorhanden. Der blockhafte Charakter der Möbel werde belebt durch   *Farbtafel III*
Säulchen oder Perlenstabreihenornament, das ihnen ›ein vornehmes Luxusge-
präge‹ gebe, ›ein Gepräge, welches man bisher glaubte, mit der Art der echten,
einfachen Moderne nicht vereinbar sei. Kästen mit breiten Flächen, würfel-
förmig geformte Stühle, in denen man herrlich ausruht, solide, fest ruhende Tische, Bücherschränke, deren überlegte Facheinteilung Ordnung erzwingen,
Beleuchtungskörper, die bald die Stabilität des Gaslichtes, bald den losen Stan-
gencharakter der Elektrizität charakteristisch betonen, erheben sich durch
richtig empfundene Proportionsverhältnisse.‹ Die Möbelentwürfe von Hoffmann erfüllen neben ästhetischen auch funktionale Erfordernisse, d. h. sie

76   *Josef Hoffmann, Speisesaal des Sanatoriums Purkersdorf, 1905*

werden ihrer Funktion, wie z. B. beim Stuhl der des Sitzens, optimal gerecht. Hierin würden sie sogar dem Postulat eines Adolf Loos entsprechen.

Die deutlichen Analogien zwischen dem Biedermeier und den Einrichtungen von Hoffmann waren auch dem Rezensenten der Zeitschrift ›Innendekoration‹ (1902) aufgefallen: ›In den Räumen, die Prof. Hoffmann geschaffen hat, ist jene Stimmung des Biedermeier-Interieurs eingefangen und festgehalten, jener Geist der Gemütlichkeit und Gastlichkeit, mit einem Wort der Genius loci, und es ist darin kein Tisch, kein Stuhl, kein Schrank, kein Gegenstand des Gebrauchs, der nicht den Geist der Vorfahren trüge und dabei durch die konstruktive Einfachheit und Zweckdienlichkeit als Niederschlag unserer allgemeinen modernen Kultur erschiene.‹

Kurz nachdem Hoffmann die bereits erwähnte Wohnung des Mitbegründers der Wiener Werkstätte, Fritz Wärndorfer, gemeinsam mit Mackintosh gestaltet hatte, begann er mit den Plänen zu dem, neben dem Palais Stoclet, zu seinen

*77 Josef Hoffmann (zugeschrieben), Stuhl, um 1906/08. Ausführung: Kohn,
Antiquitätengalerie Alt Wien, München. Variante des Purkersdorfer Stuhls
78 Josef Hoffmann, Stuhl, 1906. Buche, schwarz gestrichen, Bezug rotes
Kunstleder. Ausführung: Thonet. Badisches Landesmuseum, Karlsruhe. Der
Stuhl wurde für die Inneneinrichtung des Sanatoriums in Purkersdorf entwor-
fen. (vgl. Abb. 76)*

Hauptwerken zählenden Sanatorium Purkersdorf (1904–08). Der Bau ist einer
der Protagonisten der modernen Architektur. Er repräsentiert den ersten modernen Zweckbau Österreichs, ein auf rein kubischen Formen basierendes
flachgedecktes Gebäude, das ausschließlich aus Beton und Eisen errichtet
wurde. Leider wurde der Bau inzwischen durch ein zusätzliches Stockwerk
mit Dach weitgehend entstellt. Die Risalite, Seitenflügel und Vorbauten der
Fassade setzen sich ebenfalls aus kubischen Grundelementen zusammen, die
Maueröffnungen und Ornamentbänder sind gereihte Quadrate. Die im Äußeren vorherrschende funktionale Kubusform erfährt im Inneren ihre Fortset-
zung.

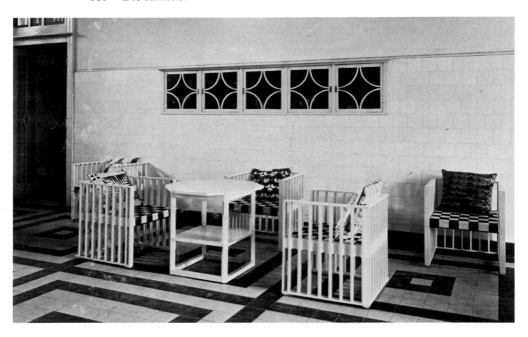

Die Ausstattung wurde im wesentlichen von der Wiener Werkstätte durchgeführt. Nur dort, wo Möbel in großer Stückzahl erforderlich waren, wie z. B.
Abb. 76   bei den Stühlen des Speisesaales, beauftragte man die Firmen Thonet und Kohn
Abb. 78   mit der Durchführung. Hier taucht auch das für das ornamentale Repertoire
von Hoffmann so typische Element der Kugel als Verstrebung zwischen Stuhl-
bein und Sitzfläche auf. Dasselbe Element verwendete er auch für den soge-
Abb. 82   nannten Fledermausstuhl und die dazugehörigen Tische. Dieses Kugelelement
wurde in der Folgezeit offensichtlich in das Formenrepertoire der Kohn-Ent-
würfe aufgenommen, da es bei einer Reihe von Möbeln auftaucht, die sicherlich nicht alle von Hoffmann entworfen wurden. Für die Eingangshalle ver-
Abb. 79   wendete Hoffmann einen von Koloman Moser entworfenen Sessel, den dieser
Abb. 2   bereits 1902 in der Sezession ausgestellt hatte. Auch hier manifestiert sich eines
der nicht seltenen Probleme der Zuschreibung, da ein Künstler, der nachweis-
lich die Gesamteinrichtung durchgeführt hat, einzelne Möbel eines Kollegen
verwendet, ohne daß darauf in der zeitgenössischen Literatur hingewiesen
wird.
1907 richtete Hoffmann, gemeinsam mit den Künstlern der Wiener Werkstätte, das literarische Kabaret Café Fledermaus in der Kärtner Straße 33 ein. Diese
Stätte sollte der ›Kultur der Unterhaltung‹ dienen. Fritz Wärndorfer war der
Finanzier, und an literarischen Mitarbeitern konnten Hermann Bahr, Peter Al-

◀

79 Koloman Moser, Sitzgruppe
im Sanatorium Purkersdorf. Der
Sessel wurde auch in der Sezession,
1902, ausgestellt. (vgl. Abb. 2)

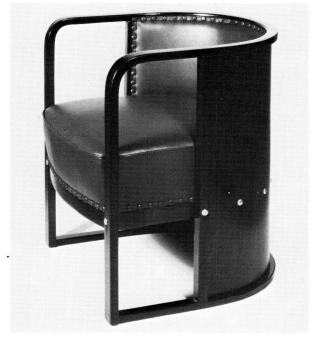

80 Josef Hoffmann, Sessel, Entwurf 1905. Buche schwarz gebeizt
und poliert, Nieten aus Messing.
Ausführung: Kohn. Julius Hummel,
Wien. (vgl. Abb. 81)

81 Josef Hoff-
mann, Halle
eines Landhauses,
1905. Lit.: Mo-
derne Bauformen,
7/1908, S. 370

▶

*83   Josef Hoffmann, Café
Fledermaus, Wien 1907.
Zuschauerraum*

*82   Josef Hoffmann, Stuhl,
Wien 1907. Buche weiß
und schwarz lackiert.
Ausführung: Kohn.
Entworfen für das Café
Fledermaus. Julius Hum-
mel, Wien*

Abb. 82   tenberg, Franz Blei, Hanns Heinz Ewers, Max Mell und Roda Roda gewonnen werden. Zunächst erregten in dem Café aber weniger die Darbietungen als die Ausstattung Aufsehen. Sie wurde größtenteils – mit Ausnahme der von der Firma Kohn gefertigten Stühle und Tische – von der Wiener Werkstätte durchgeführt. Vom Geschirr, den Programmheften, den Ansteckknöpfen der Platzanweiserinnen bis hin zur Bühnendekoration stand alles unter dem Zeichen des Gesamtkunstwerkes. Die Ausstattung allein war für die Wiener eine Sensation, und spitzzüngig wurde schon gefragt, ob das Niveau der Darbietungen wohl ebenso anspruchsvoll sei.

Im Zuschauerraum – eine Halle mit Galerie auf schlanken Pfeilern – dominierte der Farbkontrast schwarzweiß, während in der Bar Michael Powolny und Berthold Löffler ein ›köstliches Bilderbuch aus Majolika‹ geschaffen hatten. Diese Kachelwand soll Gustav Klimts Mosaik im Speisesaal des Palais Stoclet (1909) nachhaltig beeinflußt haben. – Auf die für das Wiener Großbürgertum geschaffenen Interieurs, wie die Wohnungen Mauthner (1902), Dr. Biach (1902), Fritz Wärndorfer (1903/04), der Einrichtung Stonborough (1905), der Villa Brauner und Dr. Beer-Hofmann (1905/06), folgte eines der Hauptwerke Hoffmanns, das Palais Stoclet in Brüssel.

Abb. 83

Abb. 139

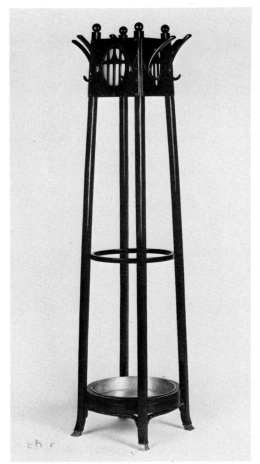

84 Josef Hoffmann (zugeschrieben), Sessel,
Entwurf 1905. Buche mahagonigebeizt und
poliert, Sitzfläche mit Leder bezogen. Ausführung: Kohn. Julius Hummel, Wien. Dieses
Modell gehört zu denjenigen Möbeln, die
sowohl von der Firma Kohn als auch von der
Firma Thonet erzeugt wurden.
Lit.: Kat. Gebogenes Holz, 1979, S. 76

85 Josef Hoffmann, Hocker, Entwurf um
1905. Buch, Silbereichendekor, Sitzfläche mit
Stoff bezogen. Ausführung: Kohn. Julius
Hummel, Wien

86 Josef Hoffmann (zugeschrieben), Garderobenständer, um 1906. Galerie Maria de
Beyrie, Paris

87 *Josef Hoffmann (zugeschrieben), Sitzgruppe, um 1906. Ausführung: Kohn. H. u. W. Karolinsky, Wien*

88 *Josef Hoffmann (zugeschrieben), Sitzgarnitur, um 1906. Buche. Ausführung: Kohn. Galerie Maria de Beyrie, Paris*

89 *Josef Hoffmann (zugeschrieben), Schaukelstuhl, Entwurf um 1905. Buche natur, poliert, Sitzfläche und Rückenlehne geflochten. Ausführung: Kohn. Lit.: Kat. Gebogenes Holz, 1979, S. 70*

▶

Farbtafel III: Josef Hoffmann (zugeschrieben), Armsessel, 1904. Ausführung: Wiener Werkstätte. Julius Hummel, Wien. Diesen Sessel soll Hoffmann für Gustav Klimt entworfen haben. Lit.: Kat. Vienna Moderne, 1978/79, S. 36

90 *Josef Hoffmann, Glasschrank, 1909/10. Eichenholz furniert und massiv
verarbeitet, schwarz gebeizt und in die Poren weiße Farbe gerieben. Geschnitzte Friese und Lisenen, Bleiverglasung, gegossene und gehämmerte Messingbeschläge. Ausführung: Wiener Werkstätte. Lit.: Kat. Wiener Möbel des
Jugendstils, 1971, Nr. 12*

91   *Josef Hoffmann (zugeschrieben), Garnitur von Aufwartetischen, um 1905, Buche mahagoni gebeizt und gewachst, Tischplatte aus grünem Glasfluß. Ausführung: Kohn. Lit.: Katalog Gebogenes Holz, 1979, S. 80*

92   *Josef Hoffmann, Stuhl ›Armlöffel‹, vor 1908. Ausführung: Wiener Werkstätte. Lit.: Deutsche Kunst und Dekoration 23, 1908/09, S. 156*

93   *Josef Hoffmann, Vitrine, vor 1908. Buche schwarz gestrichen. Ausführung: Kohn. Galerie Metropol, Wien. Lit.: Das Interieur IX, 1908*

94   *Josef Hoffmann, Palais Stoclet, Gartenseite, 1911 vollendet*

Abb. 94   Dieses Palais, das in den Jahren 1905–1911 errichtet wurde, repräsentiert eines der letzten Architekturdenkmäler einer ausklingenden spätbürgerlichen Welt, in der sich Größe und Dekadenz, nicht zuletzt auch im ästhetischen Sinne, unmittelbar tangieren.

Adolphe Stoclet, der aus einer belgischen Bankiersfamilie stammte, hatte einige Jahre in Wien gelebt. Hier hatten ihn die Villen auf der Hohen Warte nachhaltig beeindruckt, und über den Kontakt zu dem Maler Carl Moll lernte er den Architekten dieser Villenkolonie Josef Hoffmann kennen. Er beauftragte ihn – in der Annahme noch einige Jahre in Wien zu verbringen – mit der Planung seines Hauses. Als er im Jahre 1904, wegen des Todes seines Vaters, plötzlich nach Brüssel zurückkehren mußte, wurde der zunächst in Wien projektierte Bau nun in Brüssel realisiert.

Bei der Ausgestaltung standen Hoffmann die führenden Künstler Österreichs zur Seite: Gustav Klimt, Franz Metzner, C. O. Czeschka, Leopold Forstner, Michael Powolny, Koloman Moser, Berthold Löffler und Richard Luksch. Die Ausführung hatte die Wiener Werkstätte übernommen. Das Proportionsschema des Grundrisses ist durch das für Hoffmann so typische Quadrat be-

95 *Josef Hoffmann, Eßzimmer im Palais Stoclet, 1911 vollendet.*
Wandmosaiken von Gustav Klimt

stimmt. Einem Quadrat von 12 m × 12 m entspricht die große Mittelhalle im
Obergeschoß, drei gleichgroße Quadrate addieren sich zu dem Rechteck des
gesamten Obergeschosses; daneben bildet das Quadrat das Grundschema vieler Details, wie Fenstern und anderer Flächenunterteilungen. Hoffmann versteht das Quadrat also nicht nur als Ornament und Dekorationselement, sondern es ist für ihn auch ein prägendes Architekturschema.

Dieser bereits für die Zeitgenossen aufsehenerregende Bau fand auch in der
Presse eine ausführliche Würdigung. A. S. Levetus schrieb in der Zeitschrift
›Moderne Bauformen‹ (1914): ›Betritt man das Haus, so gelangt man zuerst in
das Vestibül, einen eindrucksvollen Raum, der dem Besucher sofort über die
Art des ganzen Hauses Aufklärung gibt. Die Wände sind aus *vert antique*, der
Fussboden aus abwechselnd schwarzen und weißen Marmorplatten zusammengesetzt ... Der Stuckplafond ist gewölbt und mit schmalen goldenen Strei-
fen und einem von Leopold Forstner entworfenen und ausgeführten Mosaik
geschmückt ... Links gelangt man in die geräumige, hohe Halle, einen Raum
von erhabener Schönheit, vornehm in jeder Linie und in jedem Gedanken.
Hier begreift man die wirkliche Größe der Kunst Hoffmanns, die dort, wo ihr

freier Spielraum gelassen wird, in kühnem Aufschwung das Höchste zu erreichen vermag... .‹

Abb. 95   Für den Speisesaal – dessen Mosaiken von Gustav Klimt ihn zu den berühmtesten Innenräumen des 20. Jahrhunderts macht – verwendete Hoffmann honig-
farbenen Paonazzo Marmor an den Wänden, während der Rest der Ausstattung dunkel gehalten ist: Portovenere Marmor, Makassar-Holz und schwarzes
Leder mit Goldprägung für die Stühle. Das anschließende Frühstückszimmer
hat nicht diesen repräsentativen Charakter, sondern eine heitere, intime Note:
›Die Wände sind hier aus geschnitztem Holz, das in reicher Blumenzeichnung
weiß und ockergelb auf schwarzem Untergrund bemalt ist. Der runde Tisch
und die Stühle sind aus schwarz poliertem Ahornholz, der schwarze Teppich,
in dem sich unmerklich dunkles Blau mischt, hat an den Rändern weiße und
gelbe Flecken.‹

Dunkle Farbtöne herrschen in dem Musikzimmer mit Marmorwänden aus
Portovenere mit vergoldeten Kupferbordüren und der Bibliothek aus ge-
schwärztem Eichenholz vor. Hier wurde auch ein Teil der Sammlung von ar-
chaischer und überseeischer Kunst untergebracht. Zur künstlerischen Ausstattung gehört neben dem Mosaik von Klimt, eine Alabasterfigur von Georg
Minne auf einem Brunnen in der Halle, der monumentale Skulpturenfries
von Franz Metzner auf einem Paneel oberhalb des Treppenhausfensters, das bereits erwähnte Mosaik von Leopold Förstner und die Kupferreliefs von
C. O. Czeschka in der Halle.

Einen nachhaltigen Eindruck hinterließ das Palais Stoclet auch bei Karl Heinz
Osthaus, einem der engagiertesten Bewunderer Josef Hoffmanns, der 1906 anläßlich einer Ausstellung Wiener Künstler im Museum Folkwang einen leiden-
schaftlichen Kommentar zum Werk Hoffmanns schrieb: ›Das Prinzip, alle
Schönheit aus dem Material zu entwickeln, hat zu einer strengen und ganz bewußten Beschränkung in den Kunstformen geführt. Ohne Not wird nicht von
der einfachen viereckigen Fläche, der einfachen halbkugeligen Wölbung abge-
wichen. Aber welche unerschöpfliche Beweglichkeit, welcher Erfindungsgeist
innerhalb dieser Grenze! Von wenigen auffallenden Abweichungen abgesehen, die wohl chinesischen Anregungen entstammen, ist Hoffmanns ganze
künstlerische Schöpfung wie aus Quadraten aufgebaut. Seine Häuser, die
Wände, Türen, Schränke, Tische darin sind Vielfaches quadratischer Formen;
Kommoden und Sessel scheinen aus Würfeln geschnitten. Und dennoch jenes
musikalische Ineinanderklingen der Verhältnisse darin, das die ›Baukunst‹ von
der Architektur unterscheidet! Ein ähnlicher Puritanismus beherrscht seine
Farbgebung. Weißer Spritzbewurf bedeckt die Zimmerdecken und den oberen
Teil der Wände, den unteren bekleidet weißgestrichene Täfelung. Weiß sind
die Fenster und Türen, weiß die Schränke; in Speisezimmern blinkt Silberge-
schirr hinter geschliffenen Scheiben. Streng stilisierte Marmorfiguren von

96 *Josef Hoff-
mann, Buffet
von einer Speise-
zimmerein-
richtung,
1909/10. Eichen-
holz furniert
und massiv,
schwarz gebeizt
und in die Poren
weiße Farbe
eingerieben.
Geschnitzte Frie-
se, Bleivergla-
sung, gegossene
und gehämmerte
Messingbeschläge.
Ausführung:
Wiener Werkstät-
te. Österreichi-
sches Museum
für angewandte
Kunst, Wien.
Lit.: Kat. Wiener
Werkstätte 1972,
Nr. 9*

Minne sind ihm der liebste Schmuck. Ein Werk von Minne fehlt in fast keinem
seiner Häuser. Man muß in einer solchen Umgebung geweilt haben, etwa zum
Abendbrot an weißgedecktem Tische, wo nur in Porzellan, weißgelackten
Zinkblechschalen, in Glas und Silber das Licht elektrischer Ampeln spielt, um
zu begreifen, welche zauberhaften Effekte diese Kultur des Weißen hervorzu-
bringen vermag ... Aber wehe dem Gegenstande, der nicht vom feinsten Ge-
schmacke von vollendeter Kunst gebildet ist! Wehe der Dame, die nicht in
künstlerisch abgewogener Toilette solchen Raum betreten wollte! Vor dieser
Folie besteht nur das schlechthin vollkommene, doch das Vollkommene um-
fließt es wie sanfte Musik.‹
Osthaus war es auch, der während des Krieges, als er mit der Betreuung der
belgischen Kunstdenkmäler beauftragt war – daneben versuchte er das Front-

97   *Josef Hoffmann,
abstraktes Relief. Ausge-
stellt auf der 14. Sezes-
sionsausstellung, 1902*

leben der Soldaten mit Vorträgen über den Werkbund-Gedanken zu kultivie-
ren –, einen erbitterten Kampf gegen den ›Barbarenstreich‹ führte, das vergol-
dete Kupferdach des Palais Stoclet der Metallsammlung zu opfern. In dieser
Angelegenheit wandte er sich an Bruckmann und an Theodor Heuss, der damals in der Geschäftsstelle des Werkbundes tätig war.

Zu den zahlreichen Künstlern und Architekten, die zum Palais Stoclet pilger-
ten, zählten auch Peter Behrens, Max Bill, Henri Matisse, Richard Neutra und
Le Corbusier. Sowohl Mies van der Rohe als auch Gerrit Rietveld, der besonders von Hoffmanns Möbelentwürfen fasziniert war, durften das Haus ebenfalls gekannt haben.

Abb. 97   Im Kontext einer richtungweisenden Gestaltung soll auch, obwohl es sich
hierbei um kein Möbel handelt, auf ein abstraktes Relief von Hoffmann hingewiesen werden, das 1902 auf der 14. Sezessionsausstellung gezeigt wurde.
Diese asymmetrische, rein abstrakte Komposition von Rechteckkörpern muß
zu den Archetypen einer Kunstentwicklung gezählt werden, die etwa fünfzehn
Jahre später im Neoplastizismus und der Stijl-Gruppe wieder aufgegriffen
wurde.

Dieses abstrakte Relief unterstreicht den trotz mancher formaler Zugeständnisse gerade im Möbelbereich innovativen Charakter der künstlerischen Tätigkeit Josef Hoffmanns.

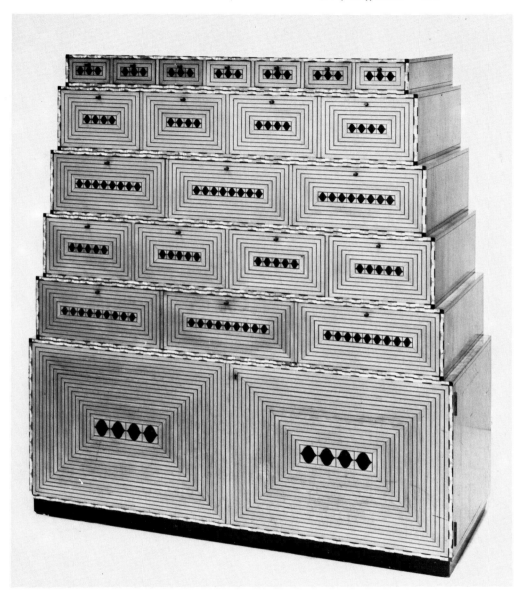

98 *Josef Hoffmann, Kabinettschrank, 1910–1914. Buchsbaumholzfurniere, Zierstreifen aus Perlmutt-, Buchsbaum- und Ebenholzplättchen zusammengesetzt, Ebenholzmarketerie. Ausführung: M. u. W. Niedermoser, Wien. Österreichisches Museum für angewandte Kunst. Lit.: Kat. Wiener Möbel des Jugendstils, 1971, Nr. 13*

Koloman Moser

›...in Wien bin ich zur Welt gekommen, im Jahr 1868. Meine Kinderjahre habe ich im Umkreis des Theresianums verbracht, dieser berühmten Akademie für die Söhne der österreichischen Aristokraten- und Beamtenfamilien. Mein Vater war hier als Ökonom, also eine Art Verwalter, angestellt, und dadurch konnte ich mich in den weitläufigen historischen Gebäudegruppen nach Gutdünken und Herzenslust umhertreiben. Das Theresianum ist eine kleine Welt für sich: es umfaßt einen großen herrlichen Park, Schwimmbassins, Reitställe und auch allerlei Werkstätten. Die Diener des Theresianums sind nämlich fast durchweg gelernte Professionisten, die ihr Handwerk hier im Hause ausüben – wenigstens war es so zu meiner Zeit. Man hat sich später oft über die Vielseitigkeit gewundert, mit der ich mich in die Technik der verschiedenen Handwerke und Kunstgewerbe hineingefunden habe, und daß ich die Tischlerei und Buchbinderei und Schlosserei verstand und praktisch beherrschte. Das verdanke ich nur meiner Kindheit und den Dienern des Theresianums. Als Kind kriecht man ja überall herum, hat für alles Sinn und Interesse, und was das Kinderauge sieht, lernt die Kinderhand rasch. Ich habe den ihr Handwerk ausübenden Dienern eifrig zugeschaut und ihnen bald jeden Handgriff abgelernt. Auf diese Art übte ich nach und nach in kindlicher Weise die verschiedensten Hand-

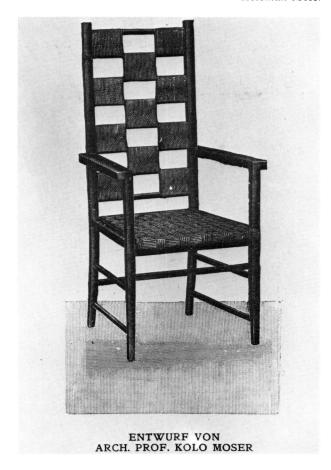

100 Koloman Moser, Stuhl, vor 1903. Ausführung: Prag-Rudniker Korbwaren-fabrikation. Dieser Stuhl ist deutlich geprägt von englischen Vorbildern. Lit.: Das Interieur IV, 1903, S. 201

ENTWURF VON
ARCH. PROF. KOLO MOSER

werke aus, band mir meine Bücher selbst ein, baute mir meine Hasenställe, lernte vom Schneider nähen, vom Drechsler schnitzen und vom Gärtner herrliche Sträuße binden. Was damals nur ein unterhaltendes hübsches Spiel war, wurde für mich später von größter entscheidender Bedeutung, und nur dadurch habe ich mich später in die kunstgewerblichen Fragen leicht hineingefunden.‹ Diese autobiographischen Notizen schildern die Kindheit in Kolo Mosers 1916/17 erschienenem Artikel ›Mein Werdegang‹.

Nach dem Willen des Vaters sollte er zwar Kaufmann werden, doch nahm er heimlich Zeichenunterricht und bestand 1885 die Aufnahmeprüfung für die Akademie. Das Studium mußte er sich nach dem Tod des Vaters, 1888, selbst finanzieren, und so arbeitete er zunächst als Illustrator für die ›Wiener Mode‹ und für ›Meggendorfers Humoristische Blätter‹, später durch Vermittlung von C. O. Czeschka als Privatzeichenlehrer.

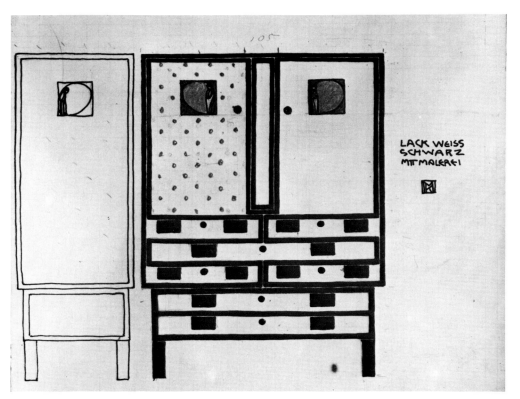

101   *Koloman Moser, Möbelentwurf, um 1903. Rechts Mitte Monogramm
K. M., Tusche, Buntstift auf kariertem Papier. Julius Hummel, Wien*

1896 wird er Mitglied des Künstlerhauses, und die Sezessionsgründung im folgenden Jahr hält er für den Beginn einer neuen künstlerischen Zeitrechnung. Diese künstlerische Tendenzwende machte sich auch auf dem Sektor des Kunstgewerbes bemerkbar: ›Anfangs hatten wir freilich mit dem starken Konservativismus der großen Wiener Firmen zu kämpfen gehabt, wir mußten ihnen unsere Entwürfe geradezu aufdrängen, verlangten kein Honorar, sondern bloß Tantiemen. Aber plötzlich begann das Publikum an den neuartigen Möbeln und Stoffen und Bucheinbänden Gefallen zu finden, und nun konnten die Geschäfte nicht genug ›Sezessionistisches‹ haben. Die Sache wurde zur Mode, zur Industrie, die Vorbilder wurden auf wohlfeile und geschmacklose Art nachgeahmt und wiederholt, und es herrschte damals in Wien jene ›falsche Sezession‹ vor der Bahr mit Recht warnte. Als sich der erste Sturm gelegt hatte, begann sich das Wiener Kunstgewerbe wieder der wirklichen Kunst zu nähern, und in den folgenden Jahren ist in Wien viel geleistet worden.‹

Die von 1899 an regelmäßig stattfindenden Ausstellungen der Sezession übten auf das Wiener Kunstgewerbe offensichtlich eine Signalwirkung aus und steigerten die Nachfrage nach ›Sezessionistischem‹, was gleichbedeutend mit ›modern‹ war. ›Zum erstenmal sah man nach einem neuen Wiener Geschmack eingerichtete moderne Innenräume: Möbel von Olbrich und Hoffmann, Möbelstoffe, die ich für ein Wiener Geschäft gemacht hatte, Bearbeitungen von Hölzern und Metallen, die man hier gar nicht kannte. Und dabei waren unsere Arbeiten weder belgisch noch englisch oder japanisch, sondern wienerisch, was auch der größte Teil der Kritik anerkannte. Eine amtliche Anerkennung der neuen Richtung war auch der Ankauf meines Büfetts ›Der reiche Fischzug‹ *Abb. 9* durch den Unterrichtsminister Hartel. Die Nachfrage bei den Käufern wurde immer stärker, ich und meine Schüler hatten für die konservativen Geschäfte und Verleger Stoffe, Plastiken, Keramik, Bucheinbände zu liefern … Und ein paar Jahre später mußte Ludwig Havesi schon feststellen, daß jetzt bereits überall ›moseriert‹ wurde.‹

Kolo Moser war zwar unter seinen Kollegen Wagner, Loos und Hoffmann der einzige, der nicht Architekt war, dafür war er zweifellos der vielseitigste unter ihnen. Neben Entwürfen für Möbel, Stoffe, Bucheinbände, Glas- und Lederwaren, Metallarbeiten, Schmuck und sogar Spielsachen schuf er Fresken, Theaterkulissen und Glasfenster; als Graphiker entwarf er außerdem Schriftzeichen, Plakate und sogar Briefmarken. Die Postwertzeichen, die Österreich 1908 anläßlich des diamantenen Jubiläums von Kaiser Franz Joseph herausgab, die österreich-ungarischen Militärmarken von 1915 sowie die Serien für Bosnien (1906 und 1912) und die ersten Briefmarken für Liechtenstein gingen alle auf seine Entwürfe zurück.

Entsprechend seiner Überzeugung, daß zur Theorie auch die Praxis gehörte, begnügte er sich nicht damit, nur Entwürfe herzustellen, sondern lernte auch die praktische Seite kennen, indem er von Fabrik zu Fabrik wanderte, um sich mit der Technik des Webens, der Metallverarbeitung und der Holzbearbeitung vertraut zu machen. Im Jahr 1900 wird Moser als Professor an die Kunstgewerbeschule berufen, wo er offiziell die Klasse für ›Dekorative Malerei‹ leitet. Er legt besonderen Nachdruck auf kreatives Gestalten auf dem Sektor des Kunstgewerbes. Die ›Schule Prof. Kolo Moser‹ wurde, neben der von Hoffmann, bald zum Inbegriff der Wiener Moderne. Im selben Jahr ist er an der Vorbereitung der für die Entwicklung des Wiener Kunstgewerbes so wichtigen 8. Sezessionsausstellung beteiligt und führt gemeinsam mit Hoffmann die Raumgestaltung durch. Unter dem Titel ›Europäisches Kunstgewerbe‹ wurden neben Mackintosh, Ashbee und van de Velde auch ›Wagners komplizierte Pracht, Hoffmanns elegante Logik und Mosers poetische Feinschmeckerei‹

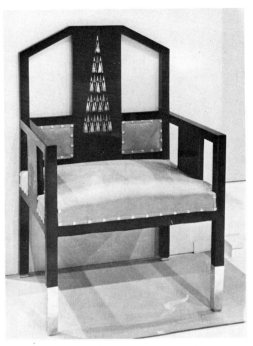

102   *Koloman Moser (zugeschrieben), Armsessel, um 1905. Birnbaumholz schwarz gebeizt und poliert, Intarsien aus Perlmutter und Silber, gelbes Rindsleder, die Ziernägel und die Schuhe der Stuhlbeine aus versilbertem Messing. Die Stühle (von denen vier existieren) stammen aus dem Haus Landau am Semmering. Lit.: Kat. Möbel des Jugendstils 1971, Nr. 9*

103   *Koloman Moser, zwei Stühle, 1904. Palisanderholzfurnier, Ahorn- und Perlmutteinlagen. Diese Stühle wurden am 8. Oktober 1977 bei Sotheby Parke Bernet, Monaco, versteigert.*

104 *Koloman Moser (zugeschrieben), Tisch,*
um 1903. Buche weiß gestrichen, schwarze
Kugelfüße. Julius Hummel, Wien

105 *Koloman Moser, Ausziehtisch, vor 1902.*
Ausführung: Kohn. Galerie Metropol, Wien.
Lit.: Kunst und Kunsthandwerk, 1902; Das
Interieur, 1902

ausgestellt. Ludwig Havesi meint dazu, Moser ›mag anfassen was er will, es wird Moser, namentlich von vollem persönlichen Schick der Dekoration und einem instinktiven technischen Treff‹.

Unter dem Einfluß von Mackintosh beginnt auch Mosers ornamental-dekorative Formenwelt abstraktere Züge anzunehmen. Es entstehen die berühmten quadratischen Ornamente, schwarz-weiß oder schwarz-violett.

Abb. 40
Farbtafel II

1903 wird die Wiener Werkstätte gegründet, deren künstlerische Leitung Moser gemeinsam mit Hoffmann übernahm. Ihre Aufgabe sah Moser darin, ein ›kunstgewerblicher Brennpunkt für vernünftiges und geschmackvolles, vor allem aber für ehrliches Arbeiten in den verschiedenen Stoffen‹ zu sein. ›Unsere ersten Erfolge hatten wir aber nicht in Wien, sondern im Ausland, namentlich in Berlin, wo wir am frühesten durchgedrungen sind. Im Hohenzollern-Kaufhaus wurde eine Niederlage unserer Arbeiten errichtet, und aus Berlin kam auch die erste Bestellung einer Wohnungseinrichtung … Die schwarz-weiße Art, die in fast allen unseren Arbeiten dominierte, berührte zuerst kühl, aber man fand bald den wohltuenden Gegensatz zu der falschen Wärme der Tapeziererkunst heraus.‹

1905 stellte die Wiener Werkstätte auch in der Galerie Mietke aus. Die intensive künstlerische Zusammenarbeit Hoffmanns und Mosers während ihrer gemeinsamen Tätigkeit für die Werkstätte erwies sich zwar als äußerst stimulierend, gibt aber den Zuschreibungen, auf Grund der großen stilistischen Übereinstimmung und der Tatsache, daß manche Einrichtungen auch Gemeinschaftsprojekte waren, häufig einen spekulativen Charakter. Eine der wichtigsten Quellen für Datierung und Zuschreibung sind daher die zeitgenössischen Kunstzeitschriften mit ihren meist sehr ausführlichen und reich illustrierten Berichten über Ausstellungen und Wohnungseinrichtungen.

Die Einrichtung ›für ein junges Paar‹, die von Moser entworfen und von der Wiener Werkstätte ausgeführt wurde, hat Berta Zuckerkandl in der Zeitschrift ›Die Kunst‹ (1904) publiziert. Die im Möbelaufbau dominierende Würfelform, deren strenger Charakter durch aufwendige Intarsien modifiziert wird, findet ihre besondere Beachtung: ›Moser wendet meist aus dem Viereck konstruierte Formen an, entweder in rein quadratischer oder in rechteckiger Bildung. Glatte ungegliederte Flächen fügen sich zu solchen geometrischen Proportionen zusammen … Die schmückende Note erhalten die in grauem Ahorn gebeizten Möbel durch reiche gelb und dunkelbraun getönte Holzeinlagen. Das karierte Einlagemotiv zieht sich durch alle Möbel gleichmäßig fort. In einzel-

▶

Farbtafel IV: Kolomann Moser, Buffet, 1904. Rusterwurzel, Palisander, Ahorn und Perlmutt. Ausführung: k. u. k. Hoftischler Müller. Badisches Landesmuseum Karlsruhe. Lit.: Die Kunst 10, 1904, S. 336 ff., Ab. S. 334

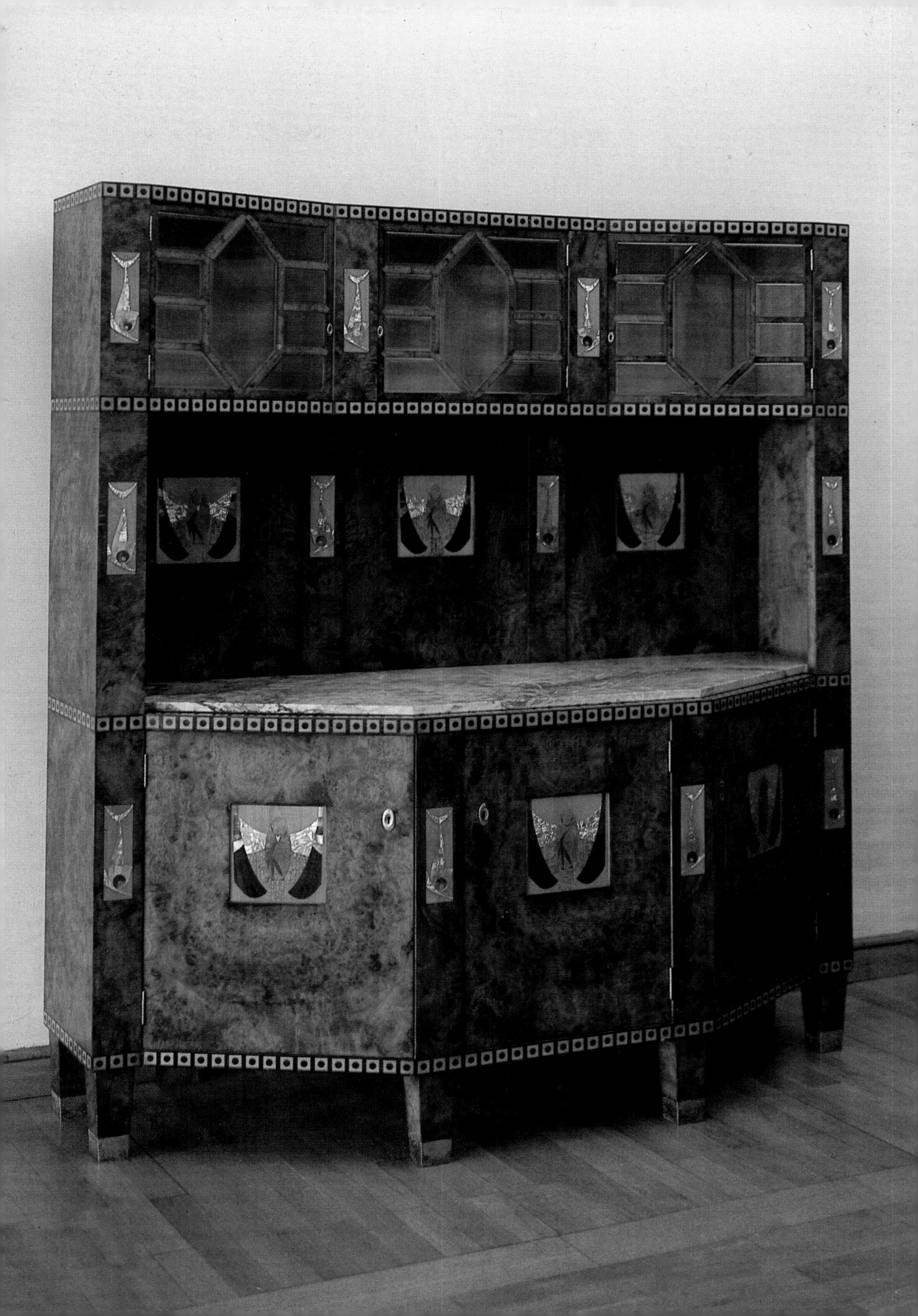

*106   Schule Koloman Moser, Tisch, um 1901. Mahagoni poliert mit Messing-
beschlägen in Würfelform und Glasplatte. Julius Hummel, Wien. Lit.: Kat.
Koloman Moser, 1979, Nr. 171*

nen Feldern sind reichere Einlagen aus Packfong und verschiedenen Hölzern
eingefügt.‹

Ein Teil der Einrichtung des Speisezimmers – zwei Buffets, ein ausziehbarer   *Farbtafel IV*
Tisch, vier Stühle und zwei Sessel – befindet sich heute im Badischen Landesmuseum in Karlsruhe. Die Buffets sind eine spätere Variante des bereits erwähnten ›Reichen Fischzuges‹. Sie haben den für Moser so typischen dreige-
schossigen Aufbau: ein mit drei Türen versehener Unterschrank, dessen Mit-
teltrakt schräg kantig vorspringt und ein hohes Fach mit Aufsatz, dessen mitt-

lere Tür zurückgenommen ist. Tisch und Stühle haben den kennzeichnenden geraden, kantigen, kubischen Aufbau und die kostbaren Intarsien. Über diese Einlegearbeit schreibt Berta Zuckerkandl: ›In viereckigen Feldern sind wunderbare Intarsien aus Perlmutter eingefügt, die abwechselnd das Motiv eines Delphins und einer einen Ölzweig tragenden Taube darstellen. Dieses Motiv entwächst der ornamentalen Auslegung des Adelsprädikats, welches die Familie trägt.‹ Bemerkenswert war auch die Konstruktion des Damenschreibtisches, der so gebaut war, daß der dazugehörige Sessel völlig in den Schreibtisch hineingeschoben werden konnte und somit nur noch die Rückenlehne als Teil des gesamten Möbels sichtbar war.

Die Ausstattung der Verkaufs- und Repräsentationsräume der Wiener Werkstätte sind Beispiele der Kooperation zwischen Hoffmann und Moser. Bezüglich der Stilmerkmale wird immer wieder darauf hingewiesen, daß Moser der dekorativere, einfallsreichere, jedoch weniger analytisch veranlagte Künstler war. Zwar trifft die Priorität des Dekorativen gerade auf Einrichtungen wie die ›für ein junges Paar‹ sicherlich zu, doch schuf Moser für die Ausstellungsräume der Wiener Werkstätte auch Möbel, deren strenge Tektonik Hoffmann in nichts nachstehen. Ein für beide Künstler zutreffendes Stilkriterium ist, daß der dekorative Gesamtzusammenhang und der inszenatorische Charakter der Interieurs nicht geleugnet werden.

Anfang 1907 kommt es wegen finanzieller Schwierigkeiten zu Meinungsverschiedenheiten innerhalb der Wiener Werkstätte. Moser tritt aus der Werkstättengemeinschaft aus – ohne einen endgültigen Bruch zu provozieren –, so daß auch seine Entwürfe weiterhin ausgeführt werden. Selbst der Versteigerungskatalog der Wiener Werkstätte nach ihrer endgültigen Auflösung 1932 enthielt noch Arbeiten von ihm.

Nach dem Ausscheiden aus der Wiener Werkstätte wendet sich Moser wieder intensiver anderen künstlerischen Tätigkeiten zu und arbeitet in erster Linie als Maler und Graphiker. Daneben entwirft er Kostümentwürfe, z. B. für das Café Fledermaus, wo in der Spielzeit 1907/08 Gertrude Barrison ›einen Exzentriktanz‹ in einem von Moser entworfenen Kostüm vorführt. Mit Möbelentwürfen ist Moser nur noch selten vertreten, eine Ausnahme bildet der ›Katalog handgearbeiteter Möbel‹ der Deutschen Werkstätten von 1910, wo er mit einigen Arbeiten vertreten ist.

Koloman Moser stirbt am 18. Oktober 1916, erst 48jährig, an einer Kehlkopferkrankung.

Schüler und Mitarbeiter

Neben den Protagonisten der Wiener Moderne Wagner, Loos, Hoffmann und Moser gab es eine große Anzahl weiterer Künstler, deren Möbelentwürfe ebenfalls durch konstruktive Stilmerkmale geprägt sind und die so erst für die entsprechende Verbreitung dieses Stils sorgten. Viele von ihnen waren Schüler von Hoffmann und Moser an der Kunstgewerbeschule, oder sie zählten zu den Mitarbeitern Otto Wagners. Die stilistischen Anregungen ihrer Mentoren nahmen sie auf, entwickelten sie weiter und gaben so ihren Entwürfen ein eigenes Gepräge. Die bekanntesten dieser Künstler sollen, soweit sie in der Epoche 1900–1910 im Bereich des Möbelentwurfs tätig waren, in einer Kurzbiographie vorgestellt werden, die allerdings häufig fragmentarisch bleiben muß, da die meisten bisher kaum oder gar nicht in die kunstwissenschaftliche Literatur eingegangen sind. Auch hier bilden die zeitgenössischen Zeitschriften wieder eine wichtige Quelle, da sie bemüht waren, ihre Leser auch auf jüngere Talente aufmerksam zu machen.

Leopold Bauer

Geboren am 1. September 1872 in Jägerndorf (Schlesien), gestorben am 7. Oktober 1938 in Wien. Studium an der Wiener Akademie bei Karl von Hasenauer und Otto Wagner. 1898 publizierte er unter dem Titel ›Verschiedene Skizzen, Entwürfe und Studien, ein Beitrag zum Verständnis unserer modernen Bestrebungen in der Baukunst‹ einen umfangreichen Folioband, mit dem er sich wohl für eine spätere Lehrtätigkeit qualifizieren wollte.
Neben dem Gebäude der Österreichischen Nationalbank entwarf er zahlreiche Wohnhäuser der Gemeinde Wien. Mit seinen Möbelentwürfen beteiligte er sich auch bei Kunstausstellungen, wie der ›Kunstgewerbeausstellung der Wiener Sezession‹. Bezüglich der Exponate von Bauer schreibt Ludwig Abels in ›Das Interieur‹ (II, 1901): ›Als neuer Aussteller erscheint in der Secession diesmal Leopold Bauer, den die Leser … als geschickten Zeichner und feinen Coloristen kennen. Diese Eigenschaften bewährt er auch in den ausgestellten Möbeln und dem gelben Saal, dessen Decoration er besorgt hat. Von so harmonischem Farbenreiz wie dieses gewagte grün-blaue Tischchen haben wir selten ein Stück gesehen. Der Liqueurschrank ist fein in der Linie mit hübschen Relief-Intarsien. Der gelbe Raum ist der schönste der Ausstellung. Das Holzwerk der Thürumrahmung ist seitlich lanzenartig eingestemmt, einfache Ecksteinbauten für Keramiken, zart getönte Friese an den Stoffwänden fallen angenehm auf.‹
Bauer ist in der Literatur häufig im Zusammenhang mit Otto Wagner erwähnt,

LEOPOLD BAUER   WOHNHAUS IN JÄGERNDORF: OBERE ECKE DER HALLE

wie z. B. in dem bereits zitierten Artikel, in dem auf die enge Zusammenarbeit zwischen Wagner und seinen Schülern eingegangen wird.

In der Sondernummer der Zeitschrift ›The Studio‹ (1906), die ausschließlich dem österreichischen Kunstgewerbe gewidmet ist, sind einige seiner Interieurs abgebildet. Eine ausführliche Würdigung erfährt er in ›Die Kunst‹ (XII, 1905), wo auch darauf verwiesen wird, wie sehr er sich der Antike verpflichtet fühlt.

Abb. 107   Bei seinen Möbelentwürfen werden in der Verwendung des Schachbrettmusters als Ornamentband stilistische Analogien zu Hoffmann und Moser deutlich.

1913 wurde Leopold Bauer Nachfolger von Wagner als Leiter der Spezialschule für Architektur an der Akademie und übte dieses Amt bis 1919 aus. Allerdings schien diese Berufung reichlich umstritten gewesen zu sein, da er bei Amtsantritt von den Studenten am Betreten des Gebäudes gehindert wurde. Von 1900 bis zu seinem Tod war er Mitglied der Sezession.

·SPEISEZIMMER·
MÖBEL AVS BLAV =
GRAVER EICHE·DO
WAND IST RAVHER
PVTZ MIT EINGE =
SETZTEN KACHELN·

Max Benirschke

Geboren am 7. Mai 1880 in Wien. Studium an der Kunstgewerbeschule und an der Akademie. Übersiedlung nach Düsseldorf.

Namentlich erwähnt wird Benirschke im Zusammenhang einer kritischen Stellungnahme der Zeitschrift ›Dekorative Kunst‹ (1904/05), die von der ›rechtwinkeligen Blutarmut des Wiener Stils, vor allem vertreten durch Max Benirschke‹, spricht. ›Das Interieur‹ (III, 1902) enthält Entwurfsskizzen von Benirschke. An der Ausstellung der Kunstgewerbeschule (1903) ist er innerhalb der Klasse von Hoffmann mit einigen Möbeln beteiligt.

Abb. 108

109   *Clemens*
Frömmel, Zier-
schrank, um
1903. Tujaholz.
Ausführung:
Kaspar Hrazdil.
Österreichisches
Museum für
angewandte
Kunst, Wien.
Lit.: Kunst und
Kunsthandwerk
VII, 1904, S. 22

Carl Otto Czeschka

Am 22. Oktober 1878 in Wien geboren, am 30. Juli 1960 in Hamburg gestorben. Besuchte die Wiener Akademie, wo er Schüler von Christian Griepenkerl war. In den Jahren 1902–1908 war er Hilfslehrer an der Kunstgewerbeschule. 1908 erhielt er einen Ruf an die Hamburger Kunstgewerbeschule. In den Jahren 1904–1908 war er außerdem Mitarbeiter der Wiener Werkstätte und war u. a. an der Ausstattung des Palais Stoclet beteiligt.

Clemens Frömmel

Wird in den Akten der Kunstgewerbeschule als Klement Frömel geführt. Geboren am 23. Oktober 1874 in Neu Ullersdorf (Mähren). 1896/97 besuchte er die allgemeine Abteilung der Kunstgewerbeschule, 1897/98 die Fachschule für Architektur, 1898–1900 die Klasse von Prof. Oskar Beyer.
In der Literatur (Kunst und Kunsthandwerk VII, 1904) wird er in Zusammenhang mit einem von ihm entworfenen Zierschrank aus Tujaholz erwähnt, der *Abb. 109* sich heute im Österreichischen Museum für angewandte Kunst befindet.

Rudolf Hammel

Am 11. April 1862 in Wien geboren. Studium der Architektur an der Wiener Akademie. Studienreisen nach Italien, Deutschland und Frankreich. Entwürfe für Villen, Miethäuser und gewerbliche Bauten. Seit 1899 Professor an der Wiener Kunstgewerbeschule.
In dem von ihm entworfenen Bücherschrank ist er in Details zwar noch dem florealen Dekor des Jugendstils verpflichtet, zeigt aber bereits Ansätze zu einem klar gegliederten Zweckmöbel.

Marie Hollmann

Geboren 1883 in Wien, gestorben 1960 in Liezen. Tochter des Kunsttischlers Wenzel Hollmann. In den Jahren 1901–1906 studierte sie an der Kunstgewerbeschule bei Kolo Moser, Rudolf Larisch und Adele von Stark.
Das Österreichische Museum für angewandte Kunst ist im Besitz eines kleinen Schrankes, der auf der Weltausstellung 1904 in St. Louis unter den Exponaten *Abb. 110* der Wiener Kunstgewerbeschule gezeigt wurde. Bezeichnet wird er als Arbeit von Marie Hollmann, einer Schülerin von Adele von Stark, der Leiterin der Emailklasse an der Kunstgewerbeschule.

Emil Holzinger

Emil Holzinger, der aus Gmunden in Oberösterreich stammte, besuchte vom Oktober 1897 bis zum Juli 1901 die Wiener Kunstgewerbeschule. Im Bereich der Fachschule für Architektur erhielt er von Josef Hoffmann mit dem Datum vom 10. Dezember 1903 folgendes Zeugnis: ›Herr Emil Holzinger hat meine Schule drei Jahre lang besucht und in derselben kunstgewerbliche Entwürfe für einzelne Möbel und ganze Räume mit Erfolg durchgeführt. Er zeigte ein großes technisches Geschick auch in praktischer Ausführung von Einlegearbeiten und Treibarbeiten in Metall.‹

Im Kontext eines Artikels über die Hoffmann-Klasse (Das Interieur II, 1901) wurde auch auf ein von Holzinger entworfenes ›besonders gelungenes Speisezimmer in Mahagoni und patinirtem Kupfer‹ hingewiesen. Im selben Jahr stellte er ebenfalls im Rahmen der Kunstgewerbeschule einen von G. Gilgen ausgeführten Salonschrank aus.

111   Marcel Kammerer, Sessel, um 1906. Buche mahagonigebeizt, Sitzfläche und Rückenlehne mit Stoff bezogen. Galerie Cockade, Wien. Lit.: Das Interieur, 1910, S. 99

Holzinger war auch Mitglied der ›Wiener Kunst im Hause‹, die Absolventen der Kunstgewerbeschule gegründet hatten, um das allgemeine Niveau der Wohnungseinrichtungen zu verbessern. Auf ihrer Ausstellung im Winter 1901/02 stellte er ein Musikzimmer vor (Das Interieur III, 1902). Das hier abgebildete Buffet war Teil der Präsentation der Wiener Sezession auf der Düsseldorfer Kunstgewerbeausstellung 1902.

Marcel Kammerer   *Abb. 111*

Geboren am 4. November 1878 in Wien, gestorben am 26. Dezember 1959 in Ottawa, Kanada. Studium der Malerei bei Franz Rumpler und der Architektur bei Camillo Sitte, von 1898–1901 Architekturstudium bei Otto Wagner an der Akademie. Wurde mit zahlreichen Preisen, wie dem Hansenpreis, dem Rosenbaumpreis und dem Rompreis, ausgezeichnet. Nach ausgedehnten Studien-

reisen trat er in das Atelier von Otto Wagner ein, wo er gemeinsam mit Emil
Hoppe und Otto Schönthal zu seinen Hauptmitarbeitern zählte. Ein Ergebnis
dieser Zusammenarbeit ist u. a. das von ihnen gemeinsam eingerichtete Ver Sa-
crum-Zimmer auf der 23. Sezessionsausstellung, über das Ludwig Havesi im
Fremdenblatt notierte: ›Zuletzt betritt man das ehemalige Ver Sacrum-Zim-
mer, das sich die Wagner-Schüler Hoppe, Kammerer und Schönthal nach ihrem eigenen Geschmack hergerichtet haben. Es ist darin alles anders als an-
derswo, aber man merkt doch nichts von Haaren, an denen etwas herbeigezo-
gen wäre.‹
Auch an den Projekten Wagners für die Postsparkasse und die Kirche am
Steinhof war Kammerer maßgeblich beteiligt. 1917, als Otto Wagner sein Büro
als Folge des Weltkrieges stark reduzieren mußte, trug er Kammerer die
›Companieschaft‹ an, die dieser jedoch ablehnte.
Kammerer zählte auch zu den Mitbegründern des ›Interieur Clubs‹ und war
regelmäßig an Ausstellungen beteiligt. Auf der Winterausstellung 1899/1900
im Museum für Kunst und Industrie präsentierte er ein von Siegmund Jaray
ausgeführtes Schlafzimmer, auf der 23. Sezessionsausstellung und der ›Kunstschau‹ 1908 war er ebenfalls vertreten. Anläßlich der Ausstellung für christli-
che Kunst, 1912 im Museum für Kunst und Industrie, zeigte er gemeinsam mit
Hoppe und Schönthal ein Modell der Kanzel für den Dom zu Trier.

Rosa Krenn

Geboren am 5. Juli 1884 in St. Marein (Steiermark). Studierte 1908/09 bei
Prof. Schlechta, 1909/10 bei Prof. Strnad, 1910/11 bei Prof. Kenner und
1911–13 bei Prof. Hoffmann an der Kunstgewerbeschule. In ihrem u. a. von
Hoffmann verfaßten Abschlußzeugnis heißt es: ›Fräulein Rosa Krenn hat einen für eine Frau ungewöhnlich starken Formensinn und entschiedene An-
lagen für selbständiges Formbilden. Vor allem ist sie für Flächendekor und
Innenarchitektur befähigt. In der Ausführung von Keramiken zeigte sie sehr
viel Selbständigkeit und grosses Materialempfinden.‹
Dieses nachdrücklich hervorgehobene Materialempfinden kommt auch bei einem Zigarrenschrank mit Marketerie zum Ausdruck, der um 1912 nach einem
Abb. 112   Entwurf von Rosa Krenn von Karl Adolf Franz ausgeführt wurde und sich
heute im Besitz des Museums für angewandte Kunst in Wien befindet.

*112 Rosa Krenn,
Zigarrenschrank
mit Marketerie,
Wien um 1912.
Ausführung:
Karl Adolf Franz.
Österreichisches
Museum für
angewandte
Kunst, Wien*

Emanuel Josef Margold

Geboren am 4. Mai 1889 in Wien, gestorben am 2. Mai 1962 in Bratislava.
Nach einer Ausbildung als Schreiner an der Fachschule für Holzbearbeitung in
Königsberg/Eger war er Schüler der Kunstgewerbeschule in Mainz bei Anton
Huber und bei Josef Hoffmann in Wien. In den Jahren 1910–12 schuf er Por-

zellanentwürfe für die Wiener Manufaktur Josef Böck, die für die Wiener Werkstätte arbeitete. Daneben war er Assistent von Hoffmann an der Kunstgewerbeschule und Mitarbeiter in seinem Atelier. 1913 wurde er nach Darmstadt berufen und war an zahlreichen Bauten (Musikpavillon, Restaurant) für die Ausstellung der Künstlerkolonie beteiligt. Die umstrittene Urheberschaft des Mobiliars dieses Restaurants wird in dem Artikel über Robert Oerley ausführlich dargelegt. 1929 verließ Margold Darmstadt und siedelte nach Berlin über.

Abb. 113   Die Zeitschrift ›Deutsche Kunst und Dekoration‹ (23, 1908/09) veröffentlichte einige Entwürfe von Margold als Beispiele ›jener geschmacklichen Höhe, die auch im kunstgewerblichen Entwurf ein kleines Kunstwerk mit wohl erwogener Flächen- und Farbenwirkung fordert‹. Weiter wird das ›sichere Raumempfinden‹ dieses begabten jungen Architekten gelobt, der ›im Geiste seines genialen Lehrers Jos. Hoffmann schaffend, schon zu kräftiger Betonung seiner persönlichen Eigenart fortschreitet‹.

114 *Franz Messner, Toilettentisch, 1901. Ahornfurnier, grün gebeizt; Laden und Schrankteile innen gleichfalls Ahornholz, naturbelassen. Facettierte Gläser in Messingrahmen, Kupferbeschläge. Ausführung: Wenzel Hollmann, Wien. Angefertigt für die Wiener Wohnung des Industriellen Karl Wittgenstein. Österreichisches Museum für angewandte Kunst, Wien. Lit.: Das Interieur II, 1901, S. 14*

Franz Messner

Geboren am 23. August 1873 in Auscha (Böhmen). Besuchte von Oktober 1895 bis Juli 1900 an der Kunstgewerbeschule die Klassen von H. Herdtle und Josef Hoffmann, der ihm folgendes Abschlußzeugnis gab: ›Herr Franz Messner besuchte durch zwei Jahre meine Schule und erlernte außer dem Möbelfach vor allem die Metallbearbeitung. Seine Leistungen lassen das Höchste erwarten.‹

An der Jahresausstellung der Kunstgewerbeschule 1901 war Messner mit Möbeln für ein Kinderzimmer und mit Kupferarbeiten vertreten.

Für das von K. Wittgenstein gegründete Edelstahlwerk ›Poldihütte‹ in Kladno
(ČSSR) – hier hatte Hoffmann bereits 1904 ein Werkshotel errichtet – baute
Messner eine Kolonie. Wittgenstein war auch der Auftraggeber für einen Toilettentisch seiner Wiener Wohnung. 1908/09 war Messner Lehrer an der
Staatsgewerbeschule in Tetschen, 1909 und 1915/17 Direktor der Fachschule
für Holzbearbeitung in Grulich, und 1917–23 leitete er die Lehr- und Versuchsanstalt für Korbflechterei in Wien.

Abb. 114

Robert Oerley

Geboren am 24. August 1876 in Wien, gestorben dort am 11. November. Studium an der Kunstgewerbeschule. 1889–1903 als Maler tätig, daneben Tisch-
lerlehre, die er 1892 beendete. Gründungsmitglied des Hagenbundes.
1907–1939 Mitglied der Sezession, 1911–12 ihr Präsident. Errichtete eine
Reihe von Fabrik- und Wohnbauten in Wien, u. a. das Sanatorium Auersperg
(1907), die Optischen Werke Carl Zeiß, Wien (1917), Wohn- und Geschäfts-
haus der Robert Bosch AG, Wien (1924), Wohnhausblocks und Gartenanla-
gen für die Gemeinde Wien (1924 ff.).
Bereits im Jahre 1900 hatte Robert Oerley seine Ansichten über ›Moderne Möbel‹ in der Zeitschrift ›Das Interieur‹ geäußert, die in ihrer Konsequenz durchaus mit dem an gleicher Stelle ein Jahr später erschienenen Artikel ›Einfache
Möbel‹ von Josef Hoffmann verglichen werden können. Zunächst versucht
Oerley das ›moderne Möbel‹ zu definieren: ›Ein den Anforderungen des Ge-
brauches vollkommen entsprechendes Möbel, welches hinsichtlich des ge-
wählten Materials und der Bearbeitung den letzten Errungenschaften der
Technik entspricht und im Geiste der lebenden Kunst ausgebildet wurde, ist
modern.‹ Für ihn heißt die Devise ›Brauchbarkeit‹. In erster Linie muss das
Möbel praktisch sein, dann erst wird es begehrenswert. Von diesem Gesichts-
punkte aus müssen die bisher üblichen Formen und Typen gemustert werden;
es muss untersucht werden, inwieweit sie unseren geänderten Lebensgewohn-
heiten und -Bedingungen entsprechen. Und was sich als untauglich erweist,
muss ersetzt werden durch neue Formen ... Diese neuen Formen sollen nicht
starr und unveränderlich sein. Sie sollen sich der individuellen Bestimmung
leicht anpassen ... Die Form soll uns sagen, wozu das Möbel geschaffen ist, wie
es geschaffen wurde; sie soll uns nicht täuschen über seine Bestimmung, oder
über das Material, aus dem es hergestellt ist. Nichts wirkt schlechter, als Ei-
senmöbel, die Holz nachahmen, oder Papiertapeten, die Marmorwände vorstellen sollen.‹ Weiter fordert er die enge Zusammenarbeit zwischen Kunst und
Gewerbe, zwischen Kunsthandwerker und Auftraggeber, damit die Einrichtungen die Eigenart ihrer Bewohner spiegeln können.

*115 Robert Oerley,
Stuhl, vor 1900. Julius
Hummel, Wien. Der
Stuhl wurde für das
Speisezimmer des
Malers J. Reich gefer-
tigt. Robert Oerleys
Artikel ›Wie ein mo-
dernes Möbel entsteht‹
(Das Interieur I,
1900, S. 177–188)
enthält auf S. 180
(Fig. 5) die Entwurfs-
zeichnung für diesen
Stuhl.*

In einem späteren Jahrgang derselben Zeitschrift schildert Oerley ›Wie ein modernes Möbel entsteht‹. Zunächst müsse man mit den ›Bedürfnissen, denen das Möbel entsprechen soll, völlig vertraut sein ... denn ein Arbeitstisch für einen Schriftsteller wird sicherlich anders aussehen müssen, als einer für einen Zeichner‹. Ein weiterer wichtiger Aspekt sei, ›dass man über Herstellungsarten, die bei der Verfertigung des Stücks in Betracht kommen können, völlig Bescheid weiß, um die beste und praktischste anzuwenden, und je nach dem Zweck, dem das Möbel dienen soll, auch das Material zu wählen‹. Hernach ist die Form zu suchen, die z. B. beim Sitzmöbel sich folgendermaßen ergibt: ›Die Grundform ist hier durch den Gebrauch gegeben: die gestützte Sitzfläche, die ungefähr in Kniehöhe sich über dem Boden befindet.‹ Allerdings sei auch der Zweck ausschlaggebend für die Gestaltung, denn das Sitzmöbel könne zur Arbeit oder zum Ausruhen dienen. Nun folgen Details über die Vorteile der verschiedenen Varianten, wobei er auch nicht vergißt, die Möbel so zu konstruieren, ›dass es für Staub, Motten und Ungeziefer weniger zugänglich ist, als dies bei unseren Polstermöbeln der Fall zu sein pflegt‹. Auch für die verschiedenen Tischformen, wie den Schreibtisch, den Speisetisch und den Waschtisch, stellt er die entsprechenden Forderungen auf. Zum besseren Verständnis seiner

Abb. 115

116/117   *Hans G. Reinstein, Preßstoffmöbel, vor 1911.*
Ausführung: Vereinigte Möbelfabrik A.-G. Germania, Bad Lauterbach

theoretischen Ausführungen versieht er diese mit Illustrationen, die bereits vom Funktionalismus – der Forderung, daß jeder Gegenstand optimal seiner Funktion gerecht werden muß – der modernen Wiener Möbel geprägt sind. Diese Entwürfe wurden auch ausgeführt, wie die Abbildungen in ›Das Interieur‹ III, 1902, S. 14 und 15, beweisen.

Eine besondere Verbreitung fanden die Robert Oerley zugeschriebenen Möbel aus Preßstoff. Bei diesen Möbeln, die vor 1912 zu datieren sind, taucht ein für die Zuschreibung typisches Problem auf. Die Zuschreibung an Robert Oerley basiert auf dem Hinweis in der Zeitschrift ›Deutsche Kunst und Dekoration‹ (1912/13, S. 180) und in ›Das Interieur‹ (XIII, 1912, S. 61). Da aber auch Emanuel J. Margold mit diesen Preßstoffmöbeln sein 1914 in Darmstadt eingerichtetes Ausstellungscafé ausstattete, wurden sie im Ausstellungskatalog – Ein Dokument deutscher Kunst Darmstadt 1901(1976, I, S. 157) – diesem zugeschrieben.

Die Zeitschrift ›Innendekoration‹ (XXII, 1911, S. 187) veröffentlicht einige   *Abb. 116*
Abbildungen identischer Möbel und nennt nun einen H. G. Reinstein als Ent-   *Abb. 117*
werfer bzw. die Verein. Möbelfabrik A.-G. Germania, Bad Lauterbach, als Hersteller. Für dieselben Möbel werden also drei Designer reklamiert. In dem erläuternden Text, der auf Grund der vieldiskutierten Urheberschaft in voller Länge wiedergegeben werden soll, heißt es: ›Presstoffmöbel. Die abgebildeten, nach Entwürfen von H. G. Reinstein – Hannover ausgeführten ›Preßstoff-Möbel‹ – eine patentierte Neuheit – verdienen ihrer künstlerischen Durchführung wegen besondere Beachtung. Hier liegt der seltene Fall vor, daß ein neuer Werkstoff bei seiner Verarbeitung und Anwendung sofort eine künstlerisch einwandfreie und gewissermaßen endgültige Formgebung erhalten hat. Der nach eigenem Verfahren präparierte ›Presstoff‹, eine Zellulosemasse von großer Festigkeit, erfährt durch die Wellenpressung und zylinderförmige Einfügung innerhalb eines Rahmens die nötige Stabilität, um zu neuartigen Möbeln verarbeitet werden zu können. Aus der logischen Entwicklung der Formen aus Material und der Konstruktion ergibt sich die dekorative Wirkung und die Selbstverständlichkeit der Erscheinung dieser Möbel, an denen wohl kaum etwas zu verbessern wäre. Sie werden sich vorzüglich für Veranden, Schlafzimmer u. s. w. eignen, zumal wenn es möglich sein sollte, den durchaus angemessenen Preis noch weiter zu reduzieren, dürften sie wohl bald weite Verbreitung finden.‹

Diese Prognose hat sich durchaus erfüllt. Allerdings besteht bezüglich der Urheberschaft das bereits genannte Problem, da sich theoretisch drei Entwerfer belegen lassen. Wenn man davon ausgeht, daß Margold die Möblierung für sein Café nicht selbst entworfen hat, sondern daß er preiswerte und robuste Serienmöbel verwendete, blieben nur noch Reinstein und Oerley. In diesem Zusammenhang muß erwähnt werden, daß diese Möbel auch aus einem ande-

Abb. 118   ren Material – aus gebogenem Sperrholz – existieren. Sie werden Robert Oerley zugeschrieben und um 1905/08 datiert. Es wäre also möglich, daß für die
genannten neuartigen Möbel aus Preßstoff sich H. G. Reinstein dieses Vorbil-
des bediente. Für die formale Gestaltung der Möbel wäre somit Robert Oerley,
für das technische Verfahren H. G. Reinstein verantwortlich. Aber hier wird
die Zuschreibung bereits zum Interpretationsversuch.

Hans Ofner

Geboren am 28. April 1880 in St. Pölten. Besuchte die allgemeine Abteilung
der Kunstgewerbeschule bei Prof. Schulmeister und von 1903–1907 die Fachschule für Architektur von J. Hoffmann. Daneben war er auch Schüler der von
Adele von Stark geleiteten Versuchswerkstatt für Emailtechnik.
Noch vor Abschluß seiner Studien veranstaltete er 1905/06 in seiner Heimat-
stadt St. Pölten eine Kunstausstellung, die ein Speisezimmer, ein Herrenzim-
mer und einen allgemeinen Ausstellungsraum mit fast durchweg eigenen Arbeiten präsentierte. In der Zeitschrift ›Hohe Warte‹ (1905/06) wird diese Ausstellung ausführlich kommentiert. ›Die Kunst‹ (16, 1907) illustriert einen Arti-   *Abb. 119*
kel über Ofner mit Abbildungen aus seiner eigenen Wohnung.   *Abb. 120*

119   Hans Ofner, Speisezimmer, vor 1906. Ausführung: Heint Schel & Co.,
St. Pölten. Lit.: Ch. Holme, The Art-Revival in Austria, Special Number The
Studio, London 1906, Abb. C 36

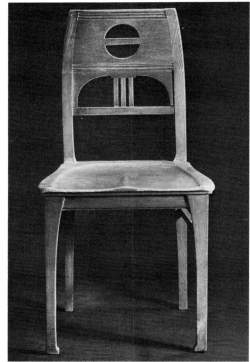

120   *Hans Ofner (zugeschrieben), Beistelltisch, um 1905. Messing und Glas. Galerie Marie de Beyrie, Paris. Lit.: Kat. Frühes Industriedesign, Wien 1977*

121   *Joseph Maria Olbrich, Stuhl, um 1900. Julius Hummel, Wien*

Joseph Maria Olbrich

Geboren am 22. November 1867 in Troppau (Öst.-Schlesien), gestorben am 8. August 1908 in Düsseldorf. Schüler von Karl von Hasenauer und Otto Wagner an der Wiener Akademie. Gründungsmitglied der Sezession, deren Gebäude er 1898 schuf. Da Olbrich bereits 1899 vom Großherzog Ernst Ludwig an die Darmstädter Künstlerkolonie berufen wurde – wo er den sogenannten Hochzeitsturm auf der Mathildenhöhe baute –, konnte er auf die Wiener Moderne nur in der Vorphase Einfluß nehmen. Die wenigen hier publizierten Photos sind also keineswegs für die Bedeutung Olbrichs insgesamt repräsentativ, sondern zeigen ausschließlich Möbel aus seiner Wiener Zeit.

Abb. 35
Abb. 36
Abb. 121

122   *Otto Prutscher, Entwurf für ein Speisezimmer, vor 1906. Ausführung: Johann Seidl, Wien. Lit.: Ch. Holme, The Art-Revival in Austria, Special Number The Studio 1906, Abb. C 50*

Otto Prutscher

Geboren am 7. April 1880 in Wien, gestorben dort am 15. Februar 1949. Schüler von Fr. Matsch und Josef Hoffmann an der Kunstgewerbeschule. Erhielt das Rothschild-Reisestipendium und verbrachte einige Zeit in Paris und London. Beteiligungen an der Sezessionsausstellung 1902 und im selben Jahr an der Internationalen Ausstellung in Turin, wo er mit einer Silbermedaille ausgezeichnet wurde. 1903 erhielt er eine Assistentenstelle an der Graphischen Lehr- und Versuchsanstalt, und 1909 berief man ihn zum Professor an die Kunstgewerbeschule. Mitarbeiter der Wiener Werkstätte.

Prutscher war äußerst vielseitig und schuf neben seiner Tätigkeit als Architekt

Entwürfe für Möbel, Silber, Porzellan, Keramiken, Öfen, Gläser, Tischtücher, Einbände und Lampen.

A. S. Levetus würdigt den jungen Hoffmann-Schüler in ›The Studio‹ (37, 1906) und nennt seine Interieurs praktisch, ohne daß die künstlerische Qualität geopfert würde. Er bevorzuge Harmonie statt bewußter Gegensätze, und seine *Abb. 122* Entwürfe zeugten von profunden Materialkenntnissen, da er sowohl etwas vom Design als auch von der konkreten Umsetzung verstehe.

Wilhelm Schmidt

Überr Wilhelm Schmidt waren keine biographischen Angaben zu finden. In seinem Abschlußzeugnis der Kunstgewerbeschule heißt es nur, daß er aus Gulich (Böhmen) stamme und vom 1. Oktober 1897 bis zum 15. Juli 1901 die Schule besucht habe. Im Semester 1897/98 besuchte er die Klasse ›Ornam. Zeichnen‹ bei Prof. Schulmeister und 1898/99 bis zu seinem Abschluß die

123/124   Wilhelm Schmidt, Tisch und Stuhl, vor 1903. Eiche, Säulen umflochten. Sitz mit Leder bezogen. Ausführung: Prag-Rudniker Korbwarenfabrikation. Stefan Asenbaum, Wien. Lit.: Das Interieur IV, 1903, S. 99

›Fachschule für Architektur‹ bei Josef Hoffmann, der ihm folgendes Zeugnis gab: ›Wilhelm Schmidt hat meine Schule durch zwei u. ein halbes Jahr besucht und als Architekt alles geleistet was man auf diesem Gebiet verlangen kann. Seine Befähigung hat sich als ganz außerordentlich hervorragend gezeigt ebenso seine verschiedenartigen Leistungen.‹

In dem Artikel über die Hoffmann-Schule (Das Interieur II, 1901) wird Wilhelm Schmidt mit einem von ihm entworfenen Arbeitszimmer und einem Klavier, das er für den Wettbewerb eines Petersburger Hauses schuf, erwähnt. Anläßlich einer der regelmäßigen Ausstellungen der Kunstgewerbeschule wurden das von Schmidt entworfene Sekretariat und das von der Prag-Rudniker Korbwarenfabrik hergestellte Vorzimmer mit blauem Rahmenwerk aus

125 Wilhelm Schmidt, Schreibsekretär, 1901. Galerie Maria de Beyrie, Paris. Angefertigt für die Wiener Wohnung von Karl Wittgenstein. Lit.: Das Interieur II, 1901, S. 14

Eichenholz mit Füllungen aus Rohrgeflecht beschrieben (Das Interieur II, 1901).

Abb. 123   Überhaupt scheint Schmidt gemeinsam mit Hans Vollmer regelmäßig für diese
Abb. 124   Firma tätig gewesen zu sein, wie die große Zahl der nach ihren Entwürfen gefertigten Korbwarenmöbel zeigt.

Wilhelm Schmidt zählte auch zu der Gruppe von Absolventen der Kunstgewerbeschule, die sich unter dem Namen ›Wiener Kunst im Hause‹ um eine Verbesserung des Einrichtungsstils bemühten und die gemeinsam Ausstellungen arrangierten.

Gustav Siegel

Biographische Angaben waren auch bei Gustav Siegel nicht zu finden. Gesichert ist seine Tätigkeit bei der Wiener Bugholzfirma J. & J. Kohn, für die er das auf der Pariser Weltausstellung gezeigte Speise- und Schlafzimmer entworfen hat. Der positive Kommentar wurde bereits zitiert.

Werner Schweiger schreibt in dem Katalog ›Gebogenes Holz‹ bezüglich Siegels Entwerfertätigkeit: ›Gustav Siegel wird von den Möbelhändlern mit derselben Hochnäsigkeit als Entwerfer angeführt, wie sie Ludwig den Sechzehnten zitieren, als wäre er für die Möbelproduktion eine(s) halben Jahrhunderts verantwortlich. Wissen über Siegel habe ich bei Niemandem gefunden, lediglich ein paar Möbel sind mit Literatur und mit Abbildungen der Zeit belegt, alles andere sind Interpretationsversuche, die so lange gebogen werden, bis ein Siegel herausschaut.‹

Else Unger

Geboren am 25. Februar 1873 in Wien. Schülerin von Josef Hoffmann an der Kunstgewerbeschule. Sie war im Rahmen der Präsentation der Kunstgewerbe-
Abb. 4   schule auf der Pariser Weltausstellung im Jahre 1900 beteiligt, wo sie einen ›blauen Kasten‹ ausstellte. Mitglied der Interieurvereinigung ›Wiener Kunst im Hause‹.

Joseph Urban

Geboren am 25. Mai 1872 in Wien, gestorben am 10. Juli 1933 in New York. 1890–93 Studium an der Akademie bei Karl von Hasenauer. Seit 1902 Mitglied, 1906/08 Präsident des Künstlerbundes Hagen, arrangierte er seine zahl-

126   Joseph Urban, Stuhl, Entwurf um 1903. Buche schwarz gebeizt und poliert, Sitzfläche und Rückenlehne mit durchgehendem Leder bezogen, Mes-
singknöpfe, Füße in Messingmanschetten. Aufführung: Thonet. Julius Hummel, Wien. Lit.: Ch. Holme, The Art-Revival in Austria, Special Number The
Studio, London 1906, Abb. C61

127   Joseph Urban, Ausstattung der Hagenbund-Ausstellung 1906. Ausführung: Sandor Jaray. Lit.: The Studio 37, 1906, S. 76

reichen Ausstellungen und besorgte den Umbau und die Inneneinrichtung des   *Abb. 127*
Hagenbund-Gebäudes in der Zedlitzgasse in Wien. 1911 wurde er als Ausstat-
tungschef an die Boston Opera, 1918–33 an die Metropolitan Opera, New
York, verpflichtet. 1922 richtete er die Zweigstelle der Wiener Werkstätte in
New York ein und übernahm für das erste Jahr auch die Leitung. In seinem
Atelier entwarf er Ausstattungen mehrerer Ziegfeld-Produktionen und für fast
zwei Dutzend Filme.

*128/129   Hans Vollmer, zwei Stühle, 1903. Eiche, Rückenlehne und Sitz ge-
flochten. Ausführung: Prag-Rudniker Korbwarenfabrikation. Stefan Asenbaum, Wien. Lit.: Das Interieur IV, 1903, S. 99*

Hans Vollmer

Geboren am 16. Mai 1879 in Wien. Schüler der Kunstgewerbeschule in der
Klasse von Hoffmann. Mitglied der ›Wiener Kunst im Hause‹. War offensicht-
Abb. 128   lich gemeinsam mit Wilhelm Schmidt für die Prag-Rudniker Korbwarenfabrik
Abb. 129   als Entwerfer tätig und übertrug so das Formenrepertoire des Konstruktiven
Jugendstils auf preiswerte Korbmöbel.

Carl Witzmann *(auch Karl Witzmann)*

Geboren am 26. September 1883 in Wien, gestorben dort am 30. August 1952.
1900–1906 Schüler der Kunstgewerbeschule, zunächst bei Herm. Herdtle,
1901–04 bei Josef Hoffmann. 1910 wurde ihm die Leitung des Entwurfzeich-
chensaales für Kunsthandwerker an der Kunstgewerbeschule übertragen.
1918–1923 Professor (Allg. Abteilung), 1923 übernahm er die Leitung der
Werkstätte für Tischlerei und Möbelbau, die 1936 auf den gesamten Innenbau

erweitert wurde. 1943 bis zu seiner Pensionierung, 1949, Fachklasse für Innen-architektur und Möbelbau. Witzmann erwarb sich als Chefarchitekt der Kai-ser-Jubiläums-Möbelausstellung in der Wiener Gartenbau-Gesellschaft 1908 einen solchen Namen, daß ihm in den Jahren 1910–25 die Gestaltung fast aller kunstgewerblichen Ausstellungen im Österreichischen Museum für Kunst und Industrie übertragen wurde. Außerdem war er für die Ausgestaltung des Hauptraumes des Österreichischen Pavillons auf der Kölner Werkbundaus-stellung und eine Reihe weiterer Präsentationen verantwortlich.

Noch während seines Studiums war er mit eigenen Exponaten an der Interna-tionalen Ausstellung in Turin beteiligt. ›Die Kunst‹ (6, 1902) schreibt dazu fol-genden Kommentar: ›Zwei Interieurs in der Art des Professors J. Hoffmann sind hier noch zu nennen. Ihre unmittelbaren Urheber sind Witzmann und Wytrlik, zwei junge Architekten, die in diesen gutbürgerlichen Räumen einen hübschen Sinn für Komfort und Einfachheit der Form zeigen.‹

130   Carl Witzmann, Speisezimmer, vor 1905. Eiche gekalkt; Buffets mit Marmorplatten. Ausführung: Karl Vogel. Galerie Metropol, Wien. Lit.: Das Interieur VI, 1905

Otto Wytrlik

Am 18. November 1870 in Wien als Sohn des Kunsttischlers Josef Wytrlik geboren, gestorben dort am 14. Mai 1955. Besuchte 1889–95 die Vorbereitungsschule von Hermann Herdtle an der Kunstgewerbeschule, 1899–1902 die Spezialschule für Architektur an der Akademie bei Otto Wagner. 1906–09 Professor an der Staatsgewerbeschule in Innsbruck, 1909–18 Professor am Technologischen Gewerbemuseum in Wien, 1918–20 Professor an der Staatsgewerbeschule in Wien. Seit 1920 freischaffender Architekt.

Neben seiner Beteiligung an der Internationalen Ausstellung in Turin, die bereits im Zusammenhang der Biographie von Witzmann erwähnt wurde, nahm Wytrlik 1902 an einem Wettbewerb der von Alexander Koch in Darmstadt herausgegebenen einflußreichen Zeitschrift ›Innendekoration‹ für ›Billige, geschmackvolle Wohnungs-Einrichtungen‹ teil. Die Entwürfe sollten dem Anspruch ›billiger, künstlerisch wertvoller‹ Einrichtungen entsprechen, da ›die neue Bewegung ... unstreitig daran leide, dass ihre Erzeugnisse fast stets nur den Wohlbemittelten zugänglich sind. Damit aber fehlt ihr die Berührung mit dem Volke, die allein auf die Dauer eine gesunde und bodenständige Kunst heraufzuführen vermag.‹

Abb. 131

Die Herstellungskosten sollten für ein Empfangszimmer 650–850 Mk, für ein Wohn- und Eßzimmer 450–650 Mk, für ein Schlafzimmer 400–550 Mk und für die Küche 150–250 Mk nicht überschreiten. Den ersten Preis erhielt der Entwurf von Otto Wytrlik, dessen Zeichnungen auch ein Kostenvoranschlag der Möbelfabrik August Ungethüm beigefügt war. Auch mit dem zweiten Preis wurde ein Wiener – Wilhelm Schmidt – ausgezeichnet, was die führende Stellung Wiener Designer auf dem Gebiet funktionaler, preiswerter und formschöner Möbel unterstreicht.

Firmen

Neben den bereits erwähnten Möbelfirmen Portois & Fix, Schönthaler, Friedrich Otto Schmidt, Bernhard Ludwig, Heinrich Irmler, Jacob Soulek, August Ungethüm, Ludwig Schmitt und Sigmund Jaray waren es vor allem die Wiener Werkstätte und die auf die Herstellung von Bugholzmöbeln spezialisierten Firmen Jacob & Josef Kohn und Gebrüder Thonet, die Entwürfe der hier genannten Künstler ausführten.

Wiener Werkstätte

Da die Gründung und die ersten Jahre der Wiener Werkstätte bereits ausführlich beschrieben wurden, soll ihr weiteres Schicksal nur noch kurz skizziert werden. Im Jahre 1907 war Kolo Moser aus der Werkstätte ausgetreten. Die Gründe waren in erster Linie finanzieller Natur. Wärndorfer soll sich hinter seinem Rücken an die wohlhabende Familie seiner Frau – er hatte seine ehemalige Schülerin Editha Mauthner-Markhof geheiratet – gewandt haben, um Geld zu leihen. Moser selbst begründet diesen Entschluß in seiner Biographie zwar mit seiner künstlerischen Unzufriedenheit: ›Meines Erachtens wurde die Tätigkeit allerdings eine zu vielseitige und allzusehr vom Geschmack des Bestellers abhängig. Und dabei wußte das Publikum meist gar nicht genau, was es eigentlich wollte. Diese unmöglichen Wünsche der Kundschaften und sonstige Meinungsverschiedenheiten haben mich auch vor einigen Jahren veranlaßt, aus der Wiener Werkstätte auszuscheiden.‹

Abb. 76
Abb. 83, 139
Abb. 95

Neben der Ausstattung für die bereits erwähnten Bauten – Sanatorium Purkersdorf, Café Fledermaus und Villa Stoclet – führte die Werkstätte auch die Einrichtung der von Hoffmann errichteten Villen Ast, Skywa und Knips sowie die Landhäuser Primavesi in Winkelsdorf und Ast in Velden durch. Erst als infolge des Ersten Weltkrieges die Bauaktivitäten stark zurückgingen, widmete man sich verstärkt kunstgewerblichen Produkten. In einer von Hoffmann eingerichteten ›Künstlerwerkstätte‹ in der Döblergasse wurden von 1914 an auch Keramiken erzeugt. Außerdem war inzwischen eine Modeabteilung unter der Leitung von Eduard Wimmer und später Max Snischek hinzugekommen, die sowohl Damenkleider mit den entsprechenden Accessoires als auch Dekorationsstoffe herstellte.

1915 trat der junge Architekt Dagobert Peche der Wiener Werkstätte bei, der aber im Gegensatz zu den strengen Formen eines Josef Hoffmann – der immer noch die künstlerische Leitung der Firma innehatte – durchaus Anhänger des Ornamentes war. Überhaupt war inzwischen eine neue stilistische Epoche angebrochen, die weit entfernt von den Charakteristiken des Hoffmann-Moser-Stils der kubischen Gradlinigkeit, dem geometrischen Ornament –, der die Wiener Werkstätte von 1903 bis 1908 geprägt hatte, zunehmend ornamentale und monumentale Formen bevorzugte.

Das Prinzip, daß jeder in der Werkstätte produzierte Gegenstand neben dem Firmenzeichen WW und der registrierten Schutzmarke auch die Monogramme des entwerfenden Künstlers und des ausführenden Handwerkers hatte, wurde später so weit vereinfacht, daß nur noch der Werkstättenstempel und das Künstlermonogramm eingepreßt wurden.

Dem ständig erweiterten Wirkungskreis folgten bald weitere Niederlassungen. Zusätzlich zu der Wiener Filiale, zunächst am Graben, später in der Kärtner Straße 32 und 41, kamen die in Berlin, Karlsbad, Zürich und New York hinzu. Doch selbst diese Expansion konnte die Firma nicht vor wirtschaftlichen Schwierigkeiten bewahren. Fritz Wärndorfer mußte, nachdem seine finanziellen Mittel erschöpft waren, sich aus dem Unternehmen zurückziehen und übergab es 1913 dem Olmützer Bankier Otto Primavesi. Nach dem Tode Primavesis und dem Zusammenbruch seines Bankhauses stand die Wiener Werkstätte 1925/26 wieder vor dem finanziellen Ruin. Zwar konnte die Firma unter der neuen Leitung von Kuno Grohmann noch einmal saniert werden, so daß am 1. Juni 1928 das 25jährige Firmenjubiläum mit offiziellen Würdigungen und entsprechenden Feierlichkeiten begangen werden konnte, doch war es auch dem letzten Besitzer, Alfred Hoffmann, nicht mehr möglich, den endgültigen Niedergang zu verhindern. Vom 12.–19. September 1932 wurde das gesamte Warenlager mit mehr als 700 Einzelposten von dem Auktionshaus Glückselig versteigert. Am 8. Dezember 1932 wurde in der ›Wiener Zeitung‹ die Liquidation der ›Wiener Werkstätte‹ amtlich bekanntgegeben.

Damit hatte eine Firma aufgehört zu existieren, die so entscheidend stilprägend gewirkt hatte, daß man von einem ›Wiener-Werkstätten-Stil‹ sprach. Es gelang dieser Institution, der heimischen angewandten Kunst eine solche internationale Bedeutung zu verschaffen, daß die Wiener Werkstätte zum Synonym für guten Geschmack wurde.

Jacob & Josef Kohn

Als am 10. Dezember 1869 das Patent von Michael Thonet, ›Holz in beliebigen Formen und Schweifungen zu biegen‹, auslief und vermutlich wegen der hohen Kosten nicht erneuert wurde, versuchten viele Möbelfirmen in das lukrative Geschäft einzusteigen. 1893 existierten bereits 51 Firmen – allein 25 in Österreich –, die sich auf die Herstellung von Bugholzmöbeln spezialisiert hatten. An erster Stelle rangiert hier die Firma Jacob & Josef Kohn, die bereits 1898 eine Fabrik in Wsetin gegründet hatte. Dieser Niederlassung folgten weitere in

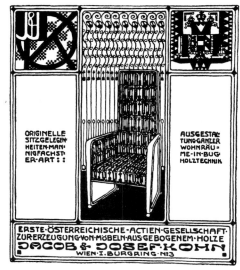
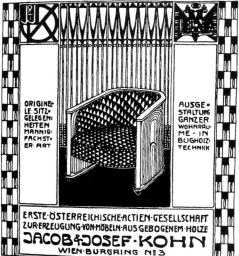

132 Anzeigen der Firma Kohn aus den Katalogen der Wiener Sezession 1904–1908

Teschen (1871), Radomsk (1885) und Holleschen (1890). Darüber hinaus konnten sie das Thonetsche Patent verbessern, indem sie zum Biegen des Holzes Dampfdruck statt Wasserdampf verwendeten. Diese rationellere Produktionsweise ermöglichte es, daß im Jahr 1904 6300 Arbeiter in 4 Fabriken täglich 5500 Möbel herstellten.

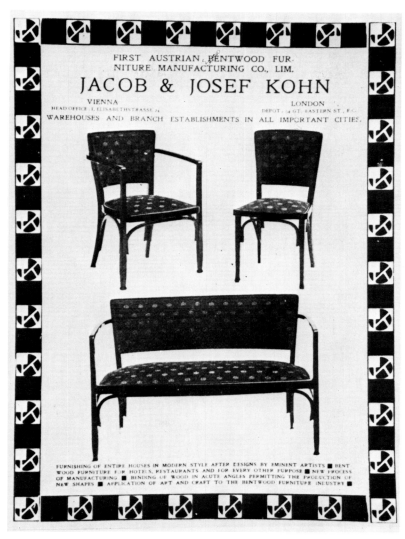

133   Inserat der Firma Kohn aus: Ch. Holme, The Art-Revival in Austria,
Special Number The Studio, London 1906

Den künstlerischen Durchbruch erzielte die Firma Kohn auf der Pariser Weltausstellung 1900, als sie mit dem von Gustav Siegel entworfenen Ausstellungs-   *Abb. 5*
raum den Grand Prix erringen konnten. Plötzlich wurden Bugholzmöbel, die
sonst allenfalls im Kontext ihres wirtschaftlichen Erfolges registriert wurden,
in den Kommentaren der Kunst- und Dekorationszeitschriften erwähnt, und

134 Interieur aus gebogenem Holz. Möbel nach Entwürfen von Koloman Moser (Salonschrank und Schreibtisch) und Otto Wagner (Sitzgarnitur). Ausführung: Kohn. Lit.: Die Kunst 6, 1902, S. 457. Vorderseite des Schreibtisches Farbtafel I

Ludwig Abels fand die Pariser Exponate ›fein und geschmackvoll‹, während die von Thonet doch ›viel zu wünschen übrig ließen‹.

Dieser Erfolg basiert darauf, daß Felix Kohn um die Jahrhundertwende den Hoffmann-Schüler Gustav Siegel in die Firma berief. Zusätzlich konnten weitere führende Vertreter der Wiener Moderne als Mitarbeiter gewonnen werden, die eine stilistisch neue Phase der Bugholzmöbel einleiteten. Diese Modelle sind geprägt von der für die Wiener Avantgarde typischen strengen Linienführung und der Verwendung von vierkantigem Bugholz im Profil.

Aus der Produktion der Firma Kohn stammen Otto Wagners Sessel für die Postsparkasse, das Depeschenbüro der ›Zeit‹ und die von Hoffmann für das Sanatorium Purkersdorf und das Café Fledermaus entworfenen Stühle bzw. Tische. Allerdings wurden auch manche Aufträge gemeinsam mit der Firma Thonet durchgeführt.

Inzwischen hatte auch Josef Hoffmann eine beratende Funktion bei Kohn, und

Abb. 54
Abb. 76
Abb. 82
Abb. 78

135 *Josef Hoffmann, Rauch- und Spielzimmer, vor 1908. Ausführung: Kohn.*
Ausgestellt auf der Kunstschau Wien 1908. Lit.: Die Kunst 18, 1908, S. 539

eine Reihe weiterer Architekten einschließlich Kolo Moser entwarfen Möbel
für die Firma. Da Kohn aber auch über ein eigenes Entwurfsbüro verfügte,
wurde dort das Formengut des neuen Stils übernommen und mit leichten Variationen in das Serienprogramm integriert.

Diese große stilistische Verwandtschaft zwischen dem anonymen Möbel und
dem Architektenmöbel erschwert die eindeutige Zuschreibung. Zwar existieren zwei Verkaufskataloge mit den Modellen aus den Jahren 1904 und 1916 –
letzterer als Reprint kürzlich wieder erschienen –, doch fehlt darin leider jeder
Hinweis auf den Entwerfer. An Hand dieser Kataloge lassen sich zwar die Modelle, nicht aber die Urheberschaft nachweisen, außer es handelt sich um eines
der wenigen bekannten Stücke, die in die zeitgenössische Literatur eingegangen sind.

Die von der Firma Kohn hergestellten Möbel tragen als registrierte Schutzmarke ein Papieretikett mit der Aufschrift: Jacob & Josef Kohn.

136   Marcel Kammerer (Atelier Otto Wagner), Stuhl, um 1904. Buche olivbraun gebeizt und gewachst, Sitzfläche und Rückenlehne mit Stoff bezogen. Ausführung: Thonet. Stefan Asenbaum, Wien. Variation des Fledermausstuhles mit den für Thonet typischen eiförmigen Verstärkungselementen, während die Firma Kohn kugelförmige verwendet. Lit.: Katalog Gebogenes Holz, 1979, Nr. 51

137   Stuhl, um 1908. Ausführung: Thonet. Stefan Asenbaum, Wien

138 *Josef Hoffmann (Umkreis), Stühle und Schaukelstuhl, um 1905. Ausführung: Thonet. Galerie Maria de Beyrie, Paris. Lit.: Kreissel/Himmelheber, 1973, Abb. 1138. Massobrio/Portoghesi, o.J., S. 59*

Gebrüder Thonet

Der überraschende Erfolg der Firma Kohn auf der Pariser Weltausstellung 1900 und die negativen Kritiken über die eigenen Produkte zwangen nun die Firma Thonet, um nicht völlig ins Hintertreffen zu geraten, zu einer Änderung ihres Möbelprogrammes. Die sogenannten ›Architektenentwürfe‹ von Siegel, Wagner, Hoffmann und Moser hatten J. & J. Kohn einen ungeheuren Prestigegewinn gebracht. Während Kohn bereits früh auf die Wiener Avantgarde gesetzt hatte, orientierte sich Thonet immer noch primär an dem ornamentalen Jugendstil französischer und belgischer Provenienz.

Kurz nach der Jahrhundertwende war nun die Situation eingetreten, daß die Erzeugnisse der traditionell die Vormachtstellung innehabenden Firma Thonet plötzlich unmoderner und somit der Konkurrenz unterlegen waren. Die Reaktion von Thonet war, daß sie nun ihr Programm dem neuen Trend anzupassen versuchten und Josef Hoffmann, Otto Wagner, Joseph Urban, Marcel Kammerer und später Leopold Bauer als Berater verpflichteten.

Daneben wurden auch die Modelle der Konkurrenz mit leichten Varianten in das eigene Programm aufgenommen, wie z. B. bei dem sogenannten ›Fledermausstuhl‹. Dieses Modell muß offensichtlich so erfolgreich gewesen sein, daß Thonet nach demselben Grundschema ähnliche Modelle herausbrachte: Die ursprünglich kugelförmige Versteifung am Ansatz des Stuhlbeines wurde durch eine eiförmige ersetzt, weitere Variationen betreffen die Rückenlehne, die geflochten, gepolstert oder aus Sperrholz war. Nicht selten tauchen auch exakt dieselben Modelle in den Verkaufskatalogen beider Firmen auf.

Abb. 136
Abb. 137

Ebenso wie Kohn hatte also auch Thonet bald ihr Bugholzprogramm dem Stil der Wiener Avantgarde angepaßt. Allerdings besteht auch hier das gleiche bereits im Zusammenhang mit der Firma Kohn erwähnte Zuschreibungsproblem: weder die einzelnen Möbel noch die Verkaufskataloge geben irgendeinen Hinweis bezüglich des Entwerfers. Da aber gewisse Stilmerkmale durchaus auch im firmeneigenen Entwurfsbüro adaptiert wurden, geraten Zuschreibungen nicht selten zu reinen Spekulationen.

1923 fusionierten die Konkurrenzfirmen Thonet, Kohn und Mundus und beherrschten somit den gesamten Bugholzmarkt.

139   Café Fledermaus, 1907. Bar. Kachelwand von Michael Powolny
und Berthold Löffler

Ratschläge für den Sammler

Bereits Ludwig Havesi hatte zu Beginn dieses Jahrhunderts prophezeit: ›Ehe sich die Wiener an die Moderne gewöhnen, ist sie bereits eine Antiquität.‹ Diese Prophezeiung hat sich inzwischen bewahrheitet, und so werden diese immer noch aktuellen Möbel, die in ihrer strengen funktionalen Form so vertraut wirken, als wären sie erst vor wenigen Jahren entstanden, längst als hochbezahlte Antiquitäten gehandelt. Immer stärker wurde die archetypische Bedeutung dieses Stils für die wichtigsten Designströmungen dieses Jahrhunderts erkannt. Die zeitliche Distanz von einem dreiviertel Jahrhundert und das Wissen um ihre Signalwirkung sichern diesen Möbeln einen Platz in der Kunstgeschichte.

Leider schlägt sich die steigende Beliebtheit, der sich die Möbel des Konstruktiven Jugendstils erfreuen, in einem immer knapper werdenden Markt und einem entsprechend hohen Preisniveau nieder. Die Schwierigkeiten der Zuschreibung und ihre zum Teil recht leichtfertige Handhabung wurden bereits mehrfach erwähnt. Der Nachweis für die künstlerische Urheberschaft und die Provenienz eines Stückes läßt sich häufig mit Hilfe der zeitgenössischen Zeitschriften für angewandte Kunst führen. Sollte dies aber nicht der Fall oder eine eindeutige Zuschreibung auch auf andere Weise nicht möglich sein, so gilt immer noch die für alle Epochen gültige Devise, daß die Qualität des einzelnen Stückes vor einer fragwürdigen Zuschreibung rangiert. Es versteht sich, daß die Möbel der ›Wiener Werkstätte‹ und die sogenannten Tischlermöbel, die häufig Einzelanfertigungen waren oder in nur geringer Stückzahl gefertigt wurden, auch preislich entsprechend höher bewertet werden als die Serienmöbel der Firmen Kohn und Thonet. Auch hier diktiert der Kunstmarkt entsprechend der Rarität des Stückes den Preis.

Es muß nochmals nachdrücklich darauf hingewiesen werden, daß dieser Stil nicht das ausschließliche Produkt einiger weniger großer Entwerfer war, sondern daß er sich bis zu einem gewissen Grad und nur für eine relativ kurze Zeit als Zeitstil durchgesetzt hatte, so daß auch die anonymen Stücke durchaus von hoher künstlerischer Qualität sein können.

Das Mekka für den Sammler ist immer noch die Geburtsstadt dieses Stils, Wien. Eine Reihe von Galerien und Antiquitätengeschäften haben sich dort auf diese Epoche spezialisiert. Daneben liefert das Museum für angewandte Kunst mit seinen erst kürzlich nach einer Neuordnung wiedereröffneten Ausstellungsräumen reiches Anschauungsmaterial. Auch das Badische Landesmuseum, Karlsruhe, und das Museum für Kunst und Gewerbe, Hamburg, verfügen über entsprechende Exponate. Erst jüngst hat das Kunstmuseum Düsseldorf ein 1913 von Josef Hoffmann für Ferdinand Hodler entworfenes und von der Wiener Werkstätte ausgeführtes zehnteiliges Speisezimmer erworben. Diese Möbel, die einst unter dem Postulat des funktionalen, formstrengen, ja einfachen und häufig auch preisgünstigen Aspekts entstanden, haben also längst ihren gesicherten Platz auf dem Museumspodest.

Für die Beschaffung von Photos und wichtige Hinweise für die Bearbeitung dieses Materials möchte ich mich vor allem bei Stefan Asenbaum, Julius Hummel und Dr. Christian Meyer (Galerie Metropol), Wien, bedanken. Weitere Unterstützung für die Durchführung dieses Projektes fand ich bei folgenden Wiener Galerien: Ambiente, Cockade, Belle Étage, Galerie bei der Albertina, Galerie 29, Heide und Wolfgang Karolinsky, Monika Kaesser, La Parete, Tony's und Safranek; in München bei der Galerie Arnoldi-Livie, Ferdinand Wolfgang Nees und Wolfgang Richter (Antiquitätengalerie Alt Wien), bei der Galerie Caluri in Wiesbaden, bei Wolfgang Werner in Bremen und bei der Galerie Maria de Beyrie in Paris.
Für wichtige Informationen bedanke ich mich auch bei Dr. Christian Witt-Dörring, Museum für angewandte Kunst, Wien, Dr. Irmela Franzke, Badisches Landesmuseum, Karlsruhe, und Dr. Heinz Adamek, Hochschule für angewandte Kunst, Wien.

Bibliographie

Allgemeine Literatur

Ahlers-Hestermann, Friedrich, Stilwende, Berlin 1956
Bahr, Hermann, Sezession, Wien 1900
Bangert, Albrecht, Thonet-Möbel, München 1979
Breicha, Otto, Fritsch, Gerhard (Hrsg.), Finale und Auftakt, Wien 1898–1914, Salzburg 1964
Candilis, G., Bugholzmöbel, Stuttgart 1980
Eisler, Max, Österreichische Werkkultur, Wien 1916
Frey, Gilbert, The modern chair, 1850 to today, 1970
Himmelheber, Georg, Klassizismus, Historismus, Jugendstil, München 1973
Feuchtmüller, Rupert, Mrazek, Wilhelm, Kunst in Österreich 1860–1918, Wien 1964
Havesi, Ludwig, Acht Jahre Sezession, Wien 1906
Ders., Altkunst–Neukunst, Wien 1894–1908, Wien 1909
Ders., Österreichische Kunst im 19. Jahrhundert, 2. Teil 1848–1900, Leipzig 1903
Holme, Charles, The Art-Revival in Austria, London 1906
Kohn, Jacob & Josef (Hrsg.), Der Katalog von 1916, Reprint hrsg. v. Graham Dry, München 1980
Kowalski, Helene, Die Stellung der Wiener Werkstätte in der Entwicklung des Kunstgewerbes seit 1900. Ungedr. Diss., Wien 1951
Loos, Adolf, Trotzdem 1900–1930, Innsbruck 1931
Ders., Ins Leere gesprochen, Innsbruck 1932
Ders., Sämtliche Schriften in zwei Bänden, Wien/München 1962
Massobrio, Giovanna, Porthoghesi, Paolo, La Seggiola di Vienna, Turin 1977
Mang, Karl, Das Haus Thonet, Frankenberg 1969
Ders., Geschichte des modernen Möbels, Stuttgart 1976
Müller, Michael, Die Verdrängung des Ornaments. Zum Verhältnis von Architektur und Lebenspraxis, Frankfurt 1977
Nebehay, Christian M., Ver Sacrum, Wien 1975
Osthaus, Karl H., Leben und Werk, Recklinghausen 1971
Powell, Nicolas, The Sacred Spring, London 1974
Rochowanski, Leopold W., Ein Führer durch das österreichische Kunstgewerbe, Wien 1930
Rubino, Luciano, Quando le sedie avevano le gambe, Verona 1973
Schneck, Adolf G., Neue Möbel vom Jugendstil bis heute, München 1962

Schweiger, Werner, Wiener Werkstätte, Wien 1980
Selle, Gert, Jugendstil und Kunstindustrie. Zur Ökonomie und Ästhetik des
Kunstgewerbes um 1900, Ravensburg 1974
Ders., Die Geschichte des Design in Deutschland von 1870 bis heute, Köln
1978
Vergo, Peter, Art in Vienna, London 1975
Wagner, Otto, Moderne Architektur, Wien 1896
Waissenberger, Robert, Die Wiener Sezession, Wien/München 1971
Zuckerkandl, Berta, Zeitkunst, Wien 1901–1907, Wien 1908

Monographien

Alison, Filippo, Charles Rennie Mackintosh, London 1978
Ders., Charles Rennie Mackintosh, as a Designer of Chairs, London 1978
Altmann-Loos, Elsie, Adolf Loos der Mensch, Wien/München 1968
Baculo, Adriana Giusti, Otto Wagner, Neapel 1970
Fenz, Werner, Kolo Moser, Salzburg 1976
Gerretsegger, Heinz, Peitner, Max, Otto Wagner 1841–1918, Salzburg 1964
Howarth, Thomas, Charles Rennie Mackintosh and the modern movement,
London 1952
Kleiner, Leopold, Josef Hoffmann, Berlin 1927
Kulka, M., Adolf Loos, Wien 1931
Lux, Joseph August, Otto Wagner, München 1914
Münz, Ludwig, Künstler, Gustav, Der Architekt Adolf Loos, München/Wien
1964
Pevsner, Nicolaus, Ch. R. Mackintosh, Mailand 1950
Pirchan, Emil, Otto Wagner, der große Baukünstler, Wien 1956
Rochowanski, L. W., Josef Hoffmann, Wien 1950
Tietze, Hans, Otto Wagner, Wien 1922
Veronesi, Giulia, Josef Hoffmann, Mailand 1956
Weiser, Armand, Josef Hoffmann, Genf 1930

Kataloge

Wien um 1900, Wien 1964
Die Wiener Werkstätte, Österr. Museum f. angew. Kunst, Wien 1967
Ch. R. Mackintosh, Hessisches Landesmuseum in Darmstadt, Darmstadt
1969
Jugendstil–20er Jahre, Verk.-Ausst. Künstlerhaus Galerie, Wien 1969
Wiener Möbel des Jugendstils, Neuerwerbungen und Leihgaben, Österr. Mu-
seum f. angewandte Kunst, Wien 1971
Die verborgene Vernunft, Funktionale Gestaltung im 20. Jahrhundert,
Kunstgewerbemuseum Zürich, Zürich 1971
Katalog Museum für Kunst und Gewerbe Hamburg, Hamburg 1972
Wiener Werkstätte, Graz 1972
Ein Dokument Deutscher Kunst – Darmstadt 1901, Darmstadt 1976
Frühes Industriedesign, Wien 1900–1908, Galerie nächst St. Stephan, Wien
1977

Josef Hoffmann, Architect and Designer, Fischer Fine Art, London 1977
Vienna Moderne 1898–1918, S. C. Blaffer Gallery Univ. of Houston, Texas, 1978
Jugendstil, Badisches Landesmuseum Karlsruhe, Karlsruhe 1978
Konstruktiver Jugendstil 1900–1908 Wiener Sezession, Galerie Arnoldi-Livie, München 1979
Gebogenes Holz, Konstruktive Entwürfe Wien 1840–1910, Wien/München 1979
Koloman Moser 1868–1918, Hochschule f. Angewandte Kunst in Wien, Wien 1979
Vienna Turn of the Century, Art and Design, Fischer Fine Art, London 1980

Zeitschriften

Da die Quelle für das einzelne Zitat bereits im Text aufgeführt ist, wurde hier wegen der größeren Übersichtlichkeit auf eine weitere Auflistung verzichtet und nur ein Überblick über die für das Thema relevanten Zeitschriften gegeben:

Alte und moderne Kunst, Österreichische Zeitschrift für Antiquitäten, Bilder und Kunstgegenstände, Wien 1956 ff.
Dekorative Kunst, Eine illustrierte Zeitschrift für angewandte Kunst, München 1897/98–1928/29
Deutsche Kunst und Dekoration, Illustrierte Monatshefte für moderne Malerei, Plastik, Architektur, Wohnungskunst und künstlerische Frauenarbeiten, Darmstadt 1897–1934
Hohe Warte, Halbmonatsschrift zur Pflege der künstlerischen Bildung und der städtischen Kultur, Wien 1904–1908
Illustrierte kunstgewerbliche Zeitschrift für Innendekoration, Ausschmückung und Einrichtung der Wohnräume, Darmstadt 1890 ff.
Das Interieur, Wiener Monatshefte für Angewandte Kunst, Wien 1900 ff.
Kunst und Kunsthandwerk, Monatsschrift für Architektur, Stuttgart, 1902 ff.
The Studio, An Illustrated Magazine of Fine and Applied Art, London 1893 ff.
Ver Sacrum, Mitteilungen der Vereinigung Bildender Künstler Österreichs, Wien I–IV (1898–1903)
Wien 1900–1918, Sondernummer der kulturellen Monatsschrift ›DU‹, Jg. 23, Nr. 4, Zürich 1963

Register

Fotonachweis
(soweit nicht schon bei den Abbildungen genannt)

H. Kiessling, Berlin: Abb. 18, 20, 21 / Foto Risser, Wien: 22 / V. Angerer, Wien: 51 /
H. Kedro, Wien: 60, 87, 111 / W. Weis, Wien: 62 / Bildarchiv d. Österr. Nationalbibliothek, Wien: 72 / Österr. Museum für angewandte Kunst, Wien: 27, 42, 79 / Galerie H. u.
W. Karolinsky, Wien: 81 / H. Kedro, Wien: 87 / Direktion der Museen der Stadt Wien:
99 / Chr. Radux, Paris: 26, 120, 125.

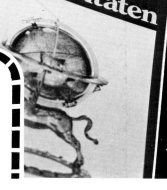